稲井の軌跡

危機を機会に。120年の時を次世代につなぐパラダイムシフト

稲井家歴代の当主たち

3代目　稲井善孝

2代目　稲井善夫

初代　稲井善八

稲井謙一現社長

稲井家系図

稲井 善八
生 明治15年3月10日
没 昭和25年11月3日

志ゑ
生 明治18年5月10日
没 昭和39年5月26日

稲井 善夫
生 明治42年7月27日
没 昭和55年3月23日

きよ
生 大正3年1月24日
没 昭和54年4月24日

稲井 善孝
生 昭和10年4月6日
没 令和元年8月31日

瑛子
生 昭和14年11月20日

稲井 謙一
生 昭和39年8月15日

公子
生 昭和46年3月19日

稲井グループ社章

創立当時の稲井善八商店

稲井写真館

〈稲井〉

前身は1905年（明治38年）創業の稲井善八商店。
稲井グループの大元であり始祖

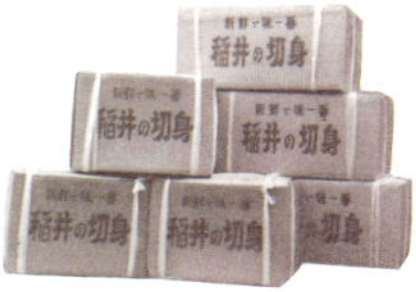

稲井の切り身（1930年代）

捕鯨の様子（1930年代）

稲井罐詰《かんづめ》所前掛け（1930年代）

60周年記念式典（1965年頃）

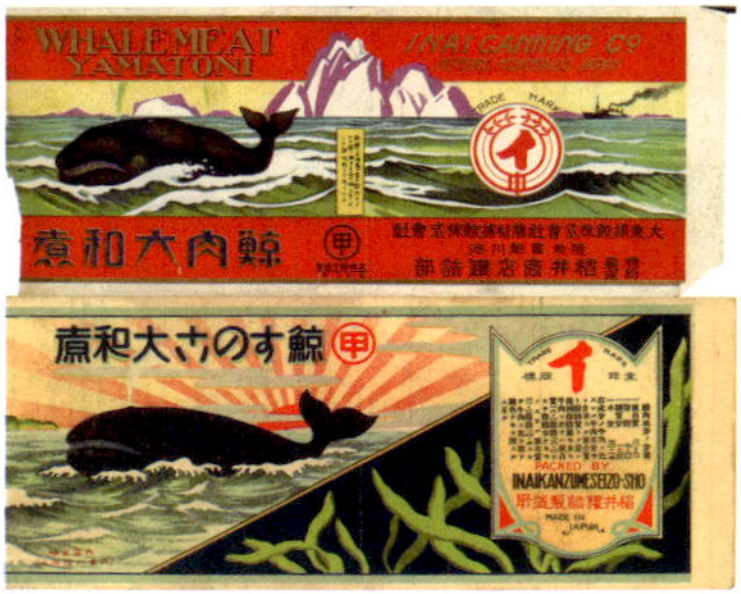

鯨缶詰ラベル（1930年代）

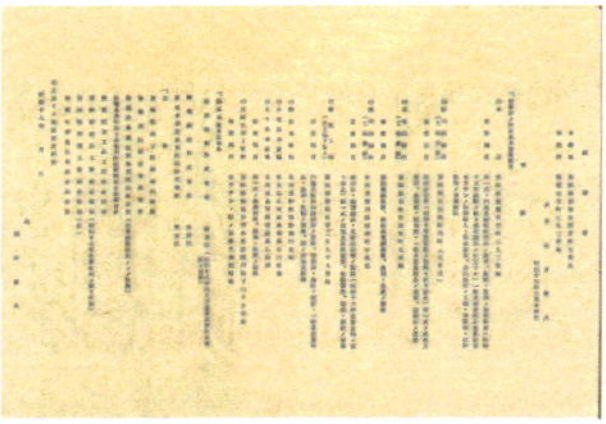

稲井善八商店経歴書（1944年以降）

〈ゼライス〉 1941年(昭和16年)、稲井善八商店のゼラチン部門として誕生。旧名は宮城化学工業所

昭和30年代の宮城化学工業

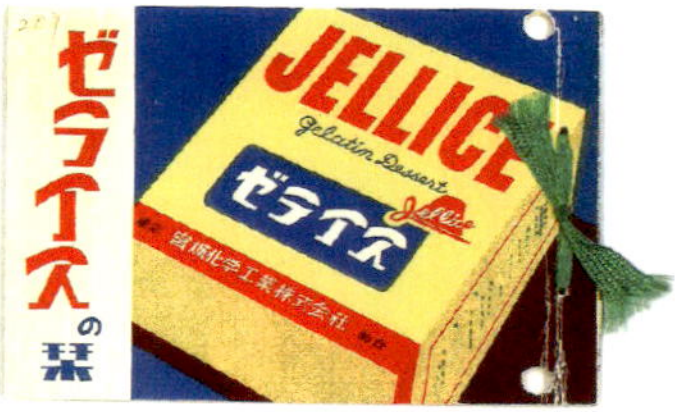

1953年(昭和28年)発行 ゼライスの栞《しおり》

2011年(平成23年)3月12日。東日本大震災翌日

ゼライスポスター(昭和30年代)

多賀城市立図書館トークイベント(2022年)

ゼライスポスター(昭和30年代)

〈塩釜ガス〉

1930年（昭和5年）設立。1967年（昭和42年）稲井グループへ。塩釜・多賀城のライフラインを担う要《かなめ》

汐見台団地供給式（1980年）

会社工場（1955年）

ガス器具展示会（1954年）

熱変完了式（2002年）

希望の広場ガス灯点灯式（1980年）

13Aガス開通式（2001年）

塩釜ガスの公式キャラクター／ガスえもん

西暦（和暦）	稲井4社のあゆみ	世の中の動き
1905（明治38）年	稲井善八商店創業	ポーツマス条約調印
1906（明治39）年	稲井善八商店／鯨の残滓を利用し農業用肥料を開発	
1914（大正3）年		第一次世界大戦勃発
1923（大正12）年		関東大震災
1926（大正15・昭和元）年		元号昭和に
1927（昭和2）年		金融恐慌勃発
1929（昭和4）年		世界大恐慌
1930（昭和5）年	塩釜瓦斯株式会社設立	
1931（昭和6）年		満州事変
1935（昭和10）年	稲井善八商店／千島方面に出先工場を建設（～昭和20年ごろ）	
1937（昭和12）年		日中戦争
1939（昭和14）年		第二次世界大戦勃発
1941（昭和16）年	稲井善八商店／鯨からゼラチンを作ることに成功（現東北大学井上博士との共同研究）。ゼラチン製造工場宮城化学工業所を設立	太平洋戦争開戦
1944（昭和19）年	宮城化学工業所を宮城化学工業株式会社に改組	
1945（昭和20）年		広島、長崎に原爆投下、ポツダム宣言受諾、降伏
1946（昭和21）年		日本国憲法公布
1947（昭和22）年	宮城化学工業／輸入陸上原料からのゼラチン製造を開始	
1949（昭和24）年	宮城化学工業／写真用ゼラチンの製造を開始	
1950（昭和25）年		朝鮮戦争
1951（昭和26）年	稲井善八商店を株式会社稲井善八商店に改組	日米安全保障条約締結

〈宮城ケーブルテレビ〉

1990年（平成2年）設立。稲井グループの末っ子。別名マリネット

1990年、開局にご尽力いただいた方々へ感謝状を贈呈

1990年、設立

1990年、宮城ケーブルテレビ開通式

1990年、開局当時のモニター群

1953（昭和28）年	宮城化学工業／家庭用高級ゼラチンパウダー「ゼライス」を開発・発売	テレビ放送開始
1960（昭和35）年		チリ地震津波被害 60年安保
1961（昭和36）年	宮城魚糧工業株式会社設立	
1964（昭和39）年		東海道新幹線開通 東京オリンピック開催
1965（昭和40）年		ベトナム戦争
1967（昭和42）年	稲井善八商店／損害保険代理店業を開始 稲井善夫 塩釜瓦斯株式会社社長就任	
1968（昭和43）年	宮城化学工業／東北産業技術開発研究会	
1972（昭和47）年		沖縄本土復帰
1973（昭和48）年		第一次オイルショック
1978（昭和53）年		宮城県沖地震
1980（昭和55）年	インドにパイオニア・ミヤギ・ケミカルを設立	イラン・イラク戦争
1981（昭和56）年	株式会社稲井北洋設立（株式会社菱食との共同出資）	
1989（昭和64・平成元）年		元号平成に 消費税導入（3％）
1990（平成2）年	塩釜ケーブルテレビ株式会社設立 塩釜瓦斯／再開発ビル「壱番館」にガス灯9灯寄贈	
1991（平成3）年	メディアテック株式会社設立 宮城化学工業／インドとの合弁企業PIONEER MIYAGI CHEMICALS(P) LTDを設立	湾岸戦争 バブル経済崩壊
1995（平成7）年	稲井善八商店／創立90周年	阪神淡路大震災発生 地下鉄サリン事件
1997（平成9）年	宮城化学工業／低アレルギー性製剤用ゼラチン「フリアラジン®」を開発・発売	消費税引き上げ3％→5％

稲井グループ

日本　宮城県

稲井　1905年設立
ゼライス　1941年設立
塩釜ガス　1930年設立
1967年より社長就任
稲井グループ傘下に
宮城ケーブルテレビ　1990年設立

西暦（和暦）	稲井4社のあゆみ	世の中の動き
1998（平成10）年	宮城化学工業／財団法人七十七ビジネス振興財団から「七十七ビジネス大賞」を受賞	
2001（平成13）年		国内初BSE感染
2002（平成14）年	宮城化学工業／「コラーゲン・トリペプチド」が「みやぎものづくり大賞テーマ賞」を受賞	サッカーワールドカップ日本・韓国共同開催
2003（平成15）年	宮城化学工業／「ゼライス」の発売開始50周年。宮城化学工業株式会社からゼライス株式会社に社名変更	地上デジタル放送開始
2004（平成16）年	ゼライス／中国山東省の（現）博杰禾宝恩生物科技有限公司に資本参加	
2005（平成17）年	稲井善八商店／創立100周年式典。株式会社稲井善八商店から株式会社稲井へ社名変更・本社事業部を多賀城へ移転	ゼラチン・ゼリーの日（7月14日）制定
2006（平成18）年	ゼライス／仙台港工場を一部操業開始 稲井／宮城魚糧工業株式会社を吸収合併。現在の塩釜工場を操業開始 ゼライス／中国合成橡膠股份有限公司（CSRC）のゼラチン事業部門を買収（現台湾ゼライス）。博杰禾宝恩生物科技有限公司ゼラチン生産工場完成	
2007（平成19）年	ゼライス／本社機能を仙台港工場へ移転 塩釜ケーブルテレビ／緊急地震速報サービススタート	郵政民営化
2008（平成20）年	ゼライス／仙台港工場内に中央研究所完成	リーマンショック
2009（平成21）年	塩釜ケーブルテレビ／地デジ11chにて自主放送スタート 塩釜瓦斯株式会社から塩釜ガス株式会社に社名変更	

世界に広がる

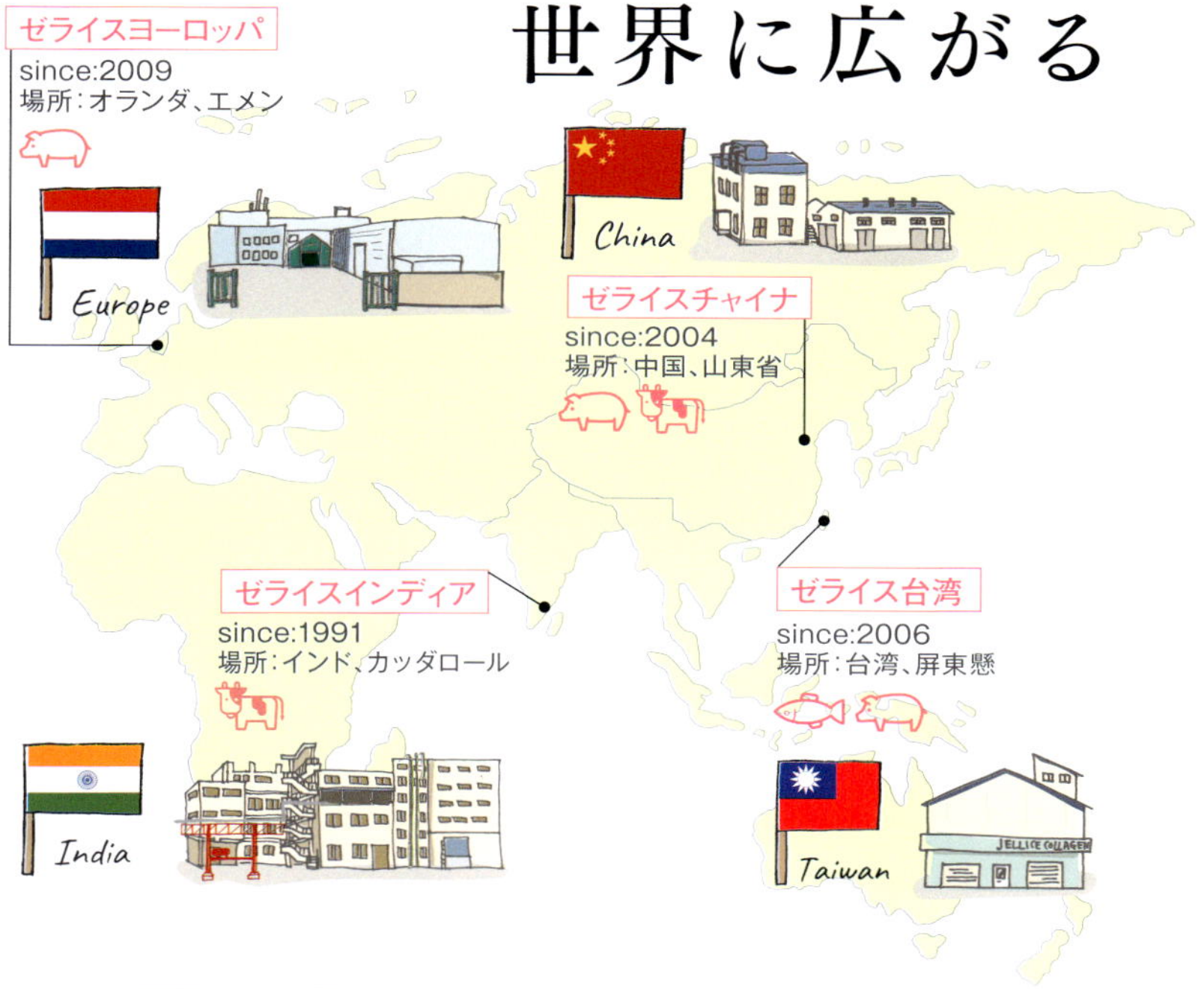

	ゼライス／オランダにゼライス・パイオニア・ヨーロッパを設立	
2010（平成22）年	塩釜ケーブルテレビ／宮城ケーブルテレビ株式会社に社名変更 塩釜ガス／塩釜市体育館命名権獲得。4月より「塩釜ガス体育館」に	日本航空経営破たん
2011（平成23）年	東日本大震災（3・11）で地震・津波被害 宮城ケーブルテレビ／ケーブルテレビアワード「報道特別賞」受賞	東日本大震災
2012（平成24）年	台湾にコラーゲンペプチド新工場設立	
2013（平成25）年	ゼライス／「コラーゲントリペプチド・ボトルタイプ」が2013年モンドセレクション金賞を受賞 ゼライス／「ゼライスタウン若林」が完成。タウン内にアンテナショップ「ゼライスショップ」オープン	
2014（平成26）年	仙台市若林西復興公営住宅が完成（旧ゼライス若林工場）	消費税引き上げ5％→8％
2015（平成27）年	稲井／新工場の操業開始 塩釜ガス・宮城ケーブルテレビ／いんでガスメンバー制度開始	
2016（平成28）年	塩釜ガス・宮城ケーブルテレビ／港町に本社移転	電力自由化スタート
2019（平成31・令和元）年	ゼライス／機能性表示食品「摩擦音ケアにひざ年齢®」発売 塩釜ガス／オリジナルキャラクター「ガスえもん」商標登録	元号令和に 消費税引き上げ8％→10％
2020（令和2）年	ゼライス／ブランドリニューアル 稲井／東北経済産業局より事業継続力強化計画の認定を受ける	新型コロナウイルス感染拡大防止のため緊急事態宣言発出
2021（令和3）年	『ゼライスのキセキ』（みらいパブリッシング）上梓	

快適な暮らしとその未来を支える稲井グループ

●稲井
創業　1905年（明治38年）11月
設立　1951年（昭和26年）3月
本社所在地　宮城県多賀城市栄4-4-1
塩釜工場　　宮城県塩釜市新浜町3-25-14

●ゼライス
創業　1941年（昭和16年）10月29日
本社所在地　宮城県多賀城市栄4-4-1

●塩釜ガス
創業　1930年（昭和5年）2月
本社所在地　宮城県塩釜市港町1-5-17
供給区域　塩釜市、多賀城市（一部）、七ヶ浜町（一部）、利府町（一部）
供給ガスの種類　13A　45MJ（10,750kcal）
付帯事業　簡易ガス事業、プロパンガス販売

●宮城ケーブルテレビ
創業　1990年（平成2年）2月
開局　1992年（平成4年）4月1日
本社所在地　宮城県塩釜市港町1-5-17

関連会社　塩釜ガスアメニティコンシェルジュ株式会社、塩釜ガスウォーター株式会社

稲井グループ事業一覧

●エネルギー事業
都市ガス
LPガス
電力
ケーブルプラスでんき
灯油
●情報通信事業
格安スマホ
インターネット
緊急地震速報
ケーブルプラス電話
法人向けデータ通信
宮城ケーブルテレビ光
宮城ケーブルテレビ光&フレッツ光
コールセンター
データセンター
●放送事業
ケーブルテレビ
映像制作
●食品事業
水産品
農産物
砂糖
澱粉
食油類
食品添加物
洗浄剤（サニテーション薬剤）
●水産事業
フィッシュミール製造・販売
魚油製造販売
焙煎粉砕大豆粕
飼料販売
●化学品事業
ゼラチン／ゲル化剤
コラーゲンペプチド
化粧品／医療部外品
ヘルスケア製品
●生活関連事業
保険
各種宅配・家事宅サービス
ウォーターサーバー
ハウスクリーニング
総合リフォーム
設備工事／防災等関連機器
物流センター
●通信販売事業
ゼライス公式オンラインショップ
宮城山形産直マルシェ
●不動産事業
再開発事業
事業用賃貸
ゼライスタウン仙台
アパート賃貸事業
駐車場賃貸

危機を機会に。
120年の時を次世代につなぐ
パラダイムシフト

稲井の軌跡

稲井謙一
『稲井の軌跡』製作委員会

みらい PUBLISHING

はじめに

地元以外ではあまり知られていないことだが、家庭用ゼラチン「ゼライス」で知られるゼライス株式会社は、一社単独で成り立っている企業ではない。本社のある宮城県でインフラサービス業を含む複数の企業で形成された、稲井グループの一社である。稲井グループの本丸とも呼べる株式会社稲井は、２０２４年（令和６年）現在、１１９年の歴史を持つ老舗企業だ。

私、稲井謙一はその稲井グループ創業者一族の長男として生を受け、現在４代目としてゼライス株式会社をはじめ全４社の経営を担っている。

東日本大震災で会社も個人的にも被災し、半年ほどが経過した２０１１年（平成23年）の秋のことである。

懇意にしている水野水産株式会社（塩釜市）の水野暢大《のぶたけ》社長に、こんなことを言われた。

「謙ちゃん、震災では半端じゃない苦労をしたそうじゃないか……。後世のためにも、その経験は絶対記録に残しておいたほうがいい。……俺にもその話を読ませてくれないか」

この会話をきっかけに私は記憶を呼び起こして、震災時の自分が見聞きし、体験したことをまとめることにした。翌２０１２年（平成24年）２月に執筆を始めたが、当時すでに1年前のことになっていた被災直後から数週間の出来事を分単位で鮮明に覚えているのだから、あの震災のすさまじさを今もって痛感する。

原稿を最初にお見せしたのは、ゼライスのリブランディングプロジェクトをご担当いただいたマーケティングコンサルタントの柳田庸子《ようこ》さんだ。柳田さんの勧めもあり、２０２１年（令和３年10月）に、震災でドン底まで落ち込むことになったゼライス株式会社の「レ」字型回復の経緯を軸に、創業の歴史や、ゼラチン・コラーゲンの特性紹介までを盛り込んだ『ゼライスのキセキ』（みらいパブリッシング刊）を上梓した。おかげさまでその本は、「ゼライスの歴史から科学的な話まで、とてもわかりやすく書かれている」と大変な好評を得た。前述のリブランディングプロジェクトについても紹介している。

私は『ゼライスのキセキ』をまとめながら、この機会に稲井グループ４社の歴史——いわゆるファミリーヒストリー——も残しておきたいと思った。１１９年という歴史の中に、多くのビジネスに対する知恵が詰まっているからだ。

そして完成したのがこの本『稲井の軌跡』である。

執筆にあたっては先代の『鯨やすかれ』（創文社刊）や、稲井グループの創業60年史なども参考にしている。業務の合間を縫って話を聞かせてくれた社員たちにも謝意を示したい。

1905年（明治38年）に東北の地・宮城に創業して以来、119年の歴史を刻んできた稲井グループは、海の恵みを扱う小さな商店から始まり、やがて世界をうならす商品を開発するまでに成長した。

119年という長い道のりには数々の物語がある。そこには、次々に襲いかかるピンチを少しのひらめきと多大な努力で切り抜け、チャンスに変える手法と、未来に向けてビジネスをつないでいくためのヒントがあふれている。そして何よりも、生きとし生けるもの＝「生命」を大切に、人々の幸せを追いかけながら行ってきた、実直で公明正大なビジネスがもたらす繁栄を知ることができる。

時代の要請により進化を続けてきた稲井グループは、2024年（令和6年）現在、国内4社と、世界各地の関連会社で形成されている。社名と主な業務は次の通りだ。

◆株式会社稲井（創業時社名：稲井善八商店）

稲井グループの総本山ともいうべき一社。捕鯨による公害をなくすために尽力し、クジラ原料の肥料製造・販売、鯨肉販売、鯨缶詰の製造・販売を行ってきた。その過程でクジラの頭からゼラチンを作ることに世界で初めて成功している。現在は、水産加工品の残渣《ざんさ》（残りカス）を活用して飼料や肥料に加工し、宮城県の環境保全の一翼を担うほか、すり身など主に企業向け（B to B）の食品や衛生関連商品の卸を手がける。

◆ゼライス株式会社（創業時社名：宮城化学工業所）

家庭用ゼラチン「ゼライス」をはじめ、食用・医療用・工業用のゼラチン製造を主軸に、世界で初めて商品化に成功したコラーゲン・トリペプチド等の製造・販売を行っている。ゼラチン・コラーゲン素材開発のパイオニアとして知られ、稲井グループの中核を担う。

ゼライス株式会社には、世界4か所にグループ会社がある。

◆ゼライスインディア（Pioneer Jellice India Private Limited）インド

◆ゼライスチャイナ（Shandong Jellice Biotechnology Co.,Ltd.）中国

◆ゼライス台湾（Pioneer Jellice India Private Limited　台湾支店）台湾

◆ゼライスヨーロッパ（JELLICE Pioneer Europe B.V.）オランダ

◆塩釜ガス株式会社（創業時社名：塩釜瓦斯《ガス》株式会社）

ガス会社の枠を超え、総合エネルギー企業として地域に密着した事業を展開中。都市ガス、LPガスをはじめとしたガス機器の販売を根幹に、消費者のニーズに応えて灯油や家電製品の販売、バスルームやキッチンなどの水道設備工事、損害保険代理店業なども手がける。

◆宮城ケーブルテレビ株式会社（創業時社名：塩釜ケーブルテレビ株式会社）

ケーブルテレビ事業「マリネット」を運営すると共にインターネットプロバイダー業、電話事業、電気小売業などを手広く推し進める。自主制作番組では、地元に寄り添った情報を発信。

グローバルにビジネスを展開している稲井グループであるが、その軸足は常に東北・宮城県に置いてきた。東北の人々には、粘り強さ、優しさ、奥ゆかしさといった美徳がある。そんな東北の人々に支えられてきた稲井４社の歴史を、宮城を中心とした東北の歴史を追いながら紹介していこう。

なお、ゼラチン、コラーゲンにまつわる解説などは、前著『ゼライスのキセキ』に譲ることにする。それでも一部内容が重複するが、最低限にとどめたつもりなのでご容赦願いたい。

稲井の軌跡　目次

〈カラー口絵〉

第1章　稲井のルーツ

第2章　稲井善八商店の創業と宮城化学工業所の成立
1905年〜1945年

第3章　戦禍からの復興とグループ企業設立　1945年〜1991年

第4章　多角経営・グローバル経営の本格化
1991年～2011年

第5章　人生で一番長い一週間

第6章　大災害からの復興、そしてコロナ禍の到来

第７章　創業家として。２１００年の稲井グループの姿

第1章

稲井のルーツ

すべての物語の始まりとして、まずは創業者一族である稲井家のルーツから探っていこう。

●宮城・稲井家の創始

稲井家の家系図は、1863年（文久3年）の石巻大火で焼失してしまい、現存していない。まことしやかに伝わっていたうわさに「稲井一族はロシア皇帝の末裔《まつえい》」というものがあった。

稲井家の男子が――手前みそで大変に恐縮だが――ファッション誌の専属モデルになる者も現れるほど代々長身の「伊達男《だておとこ》」で、鼻筋の通った彫りの深い顔をしていることもあり、信憑性《しんぴょうせい》が増したようで、一時期は社員のほとんどがこのうわさを信じていたらしい。ある日の懇親会で若手社員から「社長の血筋をたどるとロシア皇帝につながるんだそうですね？」と聞かれ、大いに笑った。

これについては都市伝説のようなもので、人のうわさ話とはつくづく怖いが面白いと実感する。

さて私が30歳を過ぎたころ、父 善孝はどこからか見つけ出してきた『稲井家』という書籍を手に帰ってきた。父によると、稲井家は瀬戸内海の村上水軍の次席家老で、愛媛県の越智大島《おちおおしま》に稲井城という拠点もあったという。しかし、その瀬戸内海の家系がなぜ宮城へ？

その疑問をひもとくには、私が幼少のころに父 善孝と共に祖父 善夫から言われたこの言葉がヒントになった。

「謙一は稲井家で10代目、佐藤家から数えると25代目になる。佐藤家は武士だったが、謙一の9代前に商人になった」

日本一多い苗字として知られる「佐藤」は、東北に多い苗字である。佐藤氏のルーツをたどっていくと、大化の改新の中心人物であった藤原鎌足《ふじわらのかまたり》に行き当たるのは有名な話だろう。佐藤の祖となるのは鎌足の子孫で、平安後期から鎌倉前期にかけて活躍した藤原公清《ふじわらのきんきよ》だ。諸説あるものの、公清が左衛門尉《さえもんのじょう》という官吏の位に就いた時に、左衛門尉の「左」と藤原の「藤」を合わせて「佐藤」を名乗ったのが始まりとされている。

善夫の言った「佐藤家の武士」とは誰なのか。

東北で佐藤の武士といえば、奥州藤原氏の家臣である佐藤家の流れをくむと考えるのが妥当であろう。こう考えると、佐藤から稲井に氏が変わった経緯として、平安時代後期に起こった「奥州合戦」にその理由が隠されているように思える。

●義経に仕えた佐藤家、村上水軍の稲井家

奥州合戦は、1189年（文治5年）、源頼朝が率いる鎌倉軍が奥州藤原氏を征伐するために仕掛けた戦いである。現在の岩手県平泉を拠点とし、陸奥国《むつのくに》（東北一帯）を支配していた奥州藤原氏。その藤原氏を全国統一のため倒す必要があった頼朝は、藤原氏が弟の義経をかくまってい

たことを理由に攻め入った。

義経の従臣に、奥州藤原家の家老筋の佐藤継信《つぐのぶ》・忠信《ただのぶ》兄弟がいる。兄弟共に『源平盛衰記』では義経四天王と称されるほど名高い武将で『平家物語』や『義経記』にも登場し、佐藤兄弟が主君である義経をかばって命を落とす様子が描かれている。

奥州合戦には佐藤兄弟の父である佐藤基治《もとはる》が参戦した。しかし奥州藤原氏は敗北。佐藤一族はその後、各地に散らばり生き延びた。

ところで、同じこの奥州合戦で頼朝軍に加勢し、大きな手柄を立てた集団がいた。その棟梁《とうりょう》が頼朝に「名字を拝領いたい」と申し出た。頼朝は近習の者に「この辺の地名はなんというか」と聞くと「〝伊達《だて》〟でございます」と答えた。

「では、お主は以後、伊達を名乗れ」

異論もあるようだが、これが仙台藩主となる伊達氏の始まりとしては有名な説である。

稲井の先祖であった佐藤何某《なにがし》は、かつて刀を交えた伊達氏の治める藩内で商売を始めるにあたり、敵対した「佐藤」の名では都合が悪いと考えたのだろう。そこで、稲井へと苗字を変えたことは想像に難くない。苗字を変えて生き延びるのは、武士の時代にはよくある話だ。


では、なぜ彼らは「稲井」になったのか？

稲井は、愛媛や徳島を中心として四国に多い苗字である。瀬戸内海を拠点に活動していた村上水軍の次席家老に「稲井」の苗字を持つ人物がいた。この人物は稲井《いない》勘解由《かげゆ》左衛門尉《ざえもんのじょう》源《みなもとの》家《いえ》治《はる》という。現在、家治の屋敷跡地は、因島對潮院《いんのしまたいちょういん》（広島県尾道市）という寺院になっている。

家治を追いかけていくと、愛媛県の越智大島にある姫内城《ひないじょう》へとたどり着く。ここは村上水軍の拠点の丘城だった。資料によると、吉野朝（南朝）で四国中国地方の総大将であった脇屋義助《わきやよしすけ》（新田義助）の孫にあたる助盈《すけみつ》が「村上師清《もろきよ》公より姫内城を受け継いだ」とある。

少し補足するが、村上師清は北畠顕成《あきなり》と同一視される人物で、村上水軍の祖ともいわれる。また新田義助の兄は、南北朝時代の南朝方の武将で、鎌倉幕府を滅ぼした新田義貞である。義助は義貞と共に「打倒鎌倉幕府」を掲げ戦っている。

さて義助の孫の助盈が村上師清より引き継いだ姫内城の別名は「稲井城」である。これを機に助盈は稲井頼國と名前をあらためているが、これは村上水軍の次席家老であった村上三郎と同一人物である。そして彼の子孫が、先に紹介した稲井勘解由左衛門尉源家治なのだ。

宮城と瀬戸内海。

遠く離れて暮らしてきた佐藤と稲井が交わるのは、どうやら江戸時代のことになるようだ。

●慶長奥州地震津波

1611年12月2日（慶長16年10月28日）、三陸海岸において慶長奥州地震津波（慶長三陸地震津波）が起こった。

仙台藩の正史である『貞山公治家記録《ていざんこうじけきろく》』によると、慶長奥州地震津波では仙台藩内で1783人、江戸初期に記された『駿府記《すんぷき》』によると、仙台領だけで5000人を超える死者を出したとある。

慶長奥州地震津波は、東日本大震災のちょうど400年前の出来事であった。どちらも大地震のあと大津波に襲われたこと、被災地が現在の宮城、青森、岩手一帯であることなど、類似点が多く指摘された。さらに近年の研究では、震度、津波共に東日本大震災と同規模のものだったという説も出た。災害に見舞われた当時の人々には、実感をもって哀悼の意を示したい。

この時の仙台藩主は、かの伊達政宗だ。初代藩主でもある政宗は、この地震からわずか2週間後に、大型帆船の建造と海外への使節団の派遣を表明した。

政宗は当時スペイン領であったノベスパニア（メキシコ）との貿易を求め、「この船でイスパニア（スペイン）国王と、ローマ教皇の元に使節団を送る」と決めたという。大災害からの復興まっただ中に、なぜ政宗は大航海時代の世界の海へ目を向けたのか。頭脳明晰《めいせき》といわれる伊達政宗のこと、何か意図があったはずだ。察するに被災から必ず立ち直り、そこから飛躍するための策として、国際貿易をもくろんだのであろう。ここに政宗のトップとしての先見性と、宮城人特有の先進性やチャレンジ精神を垣間見ることができる。

かくして、木造式大型帆船「サン・ファン・バウティスタ号」は、慶長奥州地震津波が起こった1611年に造船を開始した。当時の記録によると、大工800人、鍛冶600人、雑役として3000人が関わり、たったの45日で建造したというから驚きである。私の父 善孝が調べたところ、この造船を行った人々の中に「村上水軍の稲井」を名乗る者がいたらしい。政宗が幕府に造船技術者の派遣を依頼し、それで村上水軍の者が宮城にやって来たのではないだろうか。

余談であるが、それから380余年の時を経た1993年（平成5年）、サン・ファン・バウティスタ号は、石巻で原寸大・完全木造で復元されている。この時に指揮をとったのが船大工の故村上定一郎氏で、請け負ったのは石巻市内の株式会社村上造船所である。この方たちも、あるいは村上水軍の末裔《まつえい》かもしれない。なお復元されたサン・ファン・バウティスタ号は、優美で壮大な姿により世界中から宮城を訪れる観光客の称賛を浴びていたが、完全木造があだとなり東日本大震災で打撃を受け、2021年（令和3年）に観覧が終了、2022年（令和4年）に解体された（今後、4分の1サイズに縮小され強化繊維プラスチック素材にて復元公開予定）。

こうして稲井の者は、瀬戸内海から石巻の月浦《つきのうら》港にやってきたと想像される。そのうちの一人と、近郊で暮らしていた佐藤の者が、この時に出会い所帯を持ったとしても不思議ではない。

確証はないが、一代を約30年として計算した場合、私、謙一の10代前が江戸の前半、つまりサン・ファン・バウティスタ号の造船の時期にあたり、25代前が奥州合戦のあった鎌倉時代であることから、祖父 善夫の「謙一」は稲井家で10代目、佐藤家から数えると25代目になる。佐藤家は武士だったが、謙一の9代前に商人になった」という話とおおよそ計算も合う。だが、前述したように稲井家の家系図はすでに消失しているため、残念ながらこの話に裏付けはない。ただ、愛媛県には宇和島伊達家が現在も存続している。この宇和島藩初代藩主である伊達秀宗は、伊達政宗の長男だ。そこに仕えた稲井家の者もいるらしい。遠く離れた愛媛と宮城であるが、やはり何かしらのつながりがあると思えてならない。

歴史好きの私にとって、稲井家のルーツ解明はライフワークだ。瀬戸内海のしまなみ海道にあるという稲井城――今は、山頂の一部の城壁が残されているだけというが――にもいつか足を運びたい。

仙台藩主 伊達政宗騎馬像。当時スペイン領だったメキシコとの貿易と宣教師の派遣を求め、大型船を建造し、ローマへ派遣した。
写真提供：宮城県観光プロモーション推進室

1993年（平成5年）に原寸大で復元された慶長使節船「サン・ファン・バウティスタ号」。2021年（令和3年）に観覧終了。写真提供：宮城県慶長使節船ミュージアム

牡鹿半島西岸に位置する月浦。伊達政宗の命を受け、サン・ファン・バウティスタ号はこの地で建造され、ここから慶長使節団がスペインに向けて出帆した。

南蛮井戸（南三陸金華山国定公園内）。サン・ファン・バウティスタ号が出帆準備をする際に、南蛮人と呼ばれた外国人が飲料水をくんだとされる井戸。

貞山《ていざん》運河。伊達政宗が治水と舟運を目的として開削した日本最古の運河。「貞山」は伊達政宗の諡《おくりな》（貴人の死後につけられる名前）にちなんだもの。
写真提供：多賀城市観光協会

●稲井村の稲井一族

稲井家の歴史で記録が残る最も古い人物は、私の曽祖父で稲井グループの創始者である善八《ぜんぱち》から、さらにさかのぼること5代前の稲井善五郎である（私 謙一の高祖父、つまり善八の父親も善五郎という名前なのだが〈戸籍に記録あり〉、父 善孝の著した『鯨やすかれ』の記述によると、善八の5代前にも同じ名の先祖がいたように読み取れる）。

宮城県の松島は、万葉の時代から歌枕に選ばれてきた風光明媚《めいび》な景勝地だ。その松島湾の入り江の一つに塩釜湾がある。この塩釜湾に向かって、阿武隈《あぶくま》川河口の荒浜から海岸線に沿い、全長49キロメートルにも及ぶ長い運河「貞山堀《ていざんぼり》」が築かれている。完成当時、日本で最も長いといわれたこの貞山堀は、伊達政宗が治水と舟運の目的で開削を指示したものだ。

稲井善五郎は、この貞山堀の改修工事の一部をいっとき引き受けていた。

善五郎は私財を投げ打ってこの改修を請け負っていたらしい。当時の稲井家は、石巻地方で味《み》噌《そ》やしょうゆの醸造販売を手がけていたと聞いている。投げ打つ私財があったことからも、武士から商人へとくら替えした稲井家がある程度成功していたことがうかがえる。

時を経て工事は無事に終わったが、善五郎は窮地に陥っていた。仕事に手を抜けない性分で、金額以上に質を求め、力を入れてしまったのだろう。安い工賃で引き受けた仕事なのに、念には念を入れた丁寧な作業を行った結果、破産寸前という憂き目に遭っていた。

この稲井の現状を知った仙台藩は、ありがたいことに善五郎に塩田事業を任せてくれた。塩釜市の名の由来が塩作りにあるように、塩田事業はこの地では非常に重要な仕事であった。蛇足ではあるが、塩田開発もまた、慶長奥州地震津波からの復興事業として始まったものである。

善五郎が住んでいた万石浦《まんごくうら》の西に、仙台藩の塩田としては大変規模の大きい渡波《わたのは》塩田があった。塩田事業を善五郎が任された当時、塩の売買は藩の専売政策により厳重に管理されていた。しかし、貞山堀の改修に破産寸前まで私財を投じた善五郎への慈悲の表れであろう。藩が買い上げて残った塩は「善五郎の自由にしてよい」という幸運なオマケがついてきたのだ。

善五郎はこのチャンスを生かし、商才を発揮して破産の危機をどうにか脱することができた。稲井一族はその後長い間、江戸と東北を結んだ大動脈、北上川の水運を利用して内陸部や三陸常磐沿岸地方に塩を販売し、平和に暮らしていた。

しかし善五郎の代から4代下ったころには、持っていた2隻の船が遭難したり、沈没したりといった外的要因による不運が重なり、製塩業が立ち行かなくなってしまったのだ。さらに石巻は、江戸から明治にかけて何度も大火に見舞われている。その火災と幕末の動乱に巻き込まれた稲井一族は次第に没落していった。

こうして訪れた一族にとって冬の時代に生を受けたのが、稲井グループ初代の稲井善八、その人である。1882年（明治15年）のことだった。後に稲井善八商店を興し、現在まで連綿と受け継がれ、広がり続ける稲井グループの礎を築いた善八は、没落していた稲井家に生まれ、幼少期から奉公に出るなど、苦労をしたと伝わっている。

ところで稲井一族が暮らした「稲井村」は、宮城の長い歴史の中で、わずか78年間だけ存在していた村（町）である。1889年（明治22年）、万石浦の西から旧北上川までの間で、北は上品山《じょうぼんさん》、南は現在の万石浦駅から陸前稲井駅を結んだ辺りにあった、沼津・沢田・高木・真野・南境・水沼・大瓜・井内という8つの村が合併して一つの大きな集落になった。その時、役場を井内に置いたことから、「イナイ」の語呂を用いつつ、「稲穂が井泉《せいせん》の如く満作であれかし」という願いを込め、村の名前を「稲井」と定めたと伝わっている。ただ、もしかすると当時の稲井一族の繁栄も、少しは町の名称決定に影響を与えていたのではないかなと思いたくもある。稲井村は1959年（昭和34年）に「稲井町」になったあと、1967年（昭和42年）に石巻市に吸収合併された。もともとあった8つの村の名前は地名として残ったが、「稲井」の名は、これにより消滅している。

それでも稲井村があった一帯は、現在も町の人から愛された「稲井」の名で呼ばれ続け、JRの駅名「陸前稲井」や、小・中学校の名称として今にその面影を伝えている。

さてここまでは、私、謙一が史実に多分に推測を交えて推察する稲井家のルーツをお送りした。

ここからは歴代稲井家の当主となる、善八、善夫、善孝それぞれの物語だ。先代の善孝が残した『鯨やすかれ』のほか、数少ない当時の状況を知る社員からの証言を基に構成した事実の物語をお届けしよう。

第2章

稲井善八商店の創業と宮城化学工業所の成立

１９０５年～１９４５年

本章を読み進めるために、周知のこととは思うが、当時の時代背景を少し述べておきたい。

この時代の日本は軍部が台頭し、戦争に明け暮れていた。

発端は18世紀半ばにイギリスで起きた産業革命にある。近代化が進んだヨーロッパは、アフリカ・アジアへの侵略を開始。その過程で日本も開国を迫られ、大政奉還によって江戸幕府は崩壊した。

明治の新政府は日本の近代化・軍事化を推し進め、列強の大国に並ぶべく、領土の拡充をもくろんでいた。殖産興業、富国強兵政策が敷かれ、現代にもつながる多くの企業がこの時期に誕生する。

１８９４年（明治27年）、朝鮮半島南部において、民衆蜂起の甲午《こうご》農民戦争（東学党の乱）が発生。鎮圧のため清国と日本はそれぞれ朝鮮に出兵し、日清戦争（１８９４〜１８９５年／明治27〜28年）へとなだれ込んだ。これに日本は勝利し、手に入れた賠償金を元手に軍備を拡張。そして南下政策をとり続けるロシアに日露戦争（１９０４〜１９０５年／明治37〜38年）を仕掛け、こちらにも勝利。帝国主義が加速していく。

ヨーロッパでも各国の対立は激化していた。１９１４年（大正３年）、第一次世界大戦が開戦し、ヨーロッパ諸国は世界市場から後退を余儀なくされた。これを好機と日本は輸出に力を入れ、戦争特需で大いに沸いた。1918年（大正7年）の終戦によりヨーロッパ市場が回復すると、それまでの反動で日本は不景気に。追い打ちをかけるように1923年（大正12年）に関東大震災、1927年（昭和2年）に昭和金融恐慌、1929年（昭和4年）に世界大恐慌と続き、世相は暗くなっていく。

1931年（昭和6年）、満州事変を発端に、日本の傀儡《かいらい》国家と呼ばれる満州国が建国された。これを世界から「侵略行為だ」と非難された日本は、1933年（昭和8年）に国際連盟を脱退し日中戦争に突入。やがて世界各地でくすぶっていた戦争の火種が一体化し、1939年（昭和14年）、第二次世界大戦が勃発した。日本は1941年（昭和16年）にハワイのパールハーバーを奇襲し、太平洋戦争を開戦。各種産業は軍需生産に動員され、経営資源は国の統制下におかれるようになり、働き盛りの男性は兵士として戦地へと送り込まれた。

初期こそ連勝が続いた日本軍も、半年ほどで形勢は逆転してしまう。本土への空襲が始まり、沖縄にアメリカ軍が上陸する。そしてとうとう広島・長崎へ原爆が投下された。

1945年（昭和20年）、日本は無条件降伏などが盛り込まれたポツダム宣言を受諾し、終戦を迎えた。

●稲井善八商店の誕生

稲井善八商店は、三陸・金華山《きんかさん》沖の豊かな海があってこそ生まれた。

金華山沖は、北から下る親潮（寒流）と、南から上がる黒潮（暖流）がぶつかり、寒流・暖流双方の種類の魚たちが集まる。さらには、リアス式海岸の牡鹿《おしか》半島から山のミネラルを豊富に含んだ伏流水が崖伝いに流れ込み、豊富なプランクトンを育てる。このような条件が重なった金華山沖は、ノルウェー沖、カナダ・ニューファンドランド島沖と並び「世界三大漁場」に名を連ねている。

牡鹿半島の西に位置する荻浜港は、もともと小さな漁村だった。1881年（明治14年）、ちょうど善八が生まれたころに横浜～函館間の定期航路の寄港地となり、村は近代的な港町へと姿を変え、やがて宮城県内最大の港と呼ばれるほどの発展を見せた。

しかし1890年（明治23年）になると、東京～盛岡間を結ぶ鉄道、後のJR東北本線が開通し、荻浜港を訪れる定期航路の乗客は減少してしまう。その後は木材や魚介海産物の集積地として使われるようになった。

1901年（明治34年）、稲井善八が二十歳《はたち》ごろのこと。

荻浜港には、北海道からサケやマスを積んだ船が頻繁に出入りし、船員は積み荷の塩鮭をいくらか売りさばいては自分の小遣いにしていた。

善八は、船員が売るこの安い魚に目をつけた。

もともと船員たちが遊興費を捻出しようとして売り払う魚だ。船員が入り浸る賭場《とば》に顔を出し、彼らと仲よくしなければ、その魚を手に入れることはできない。

ばくちなど生まれてこの方やったこともない善八であったが、魚を手に入れるためには仕方がないと、賭場に飛び込んで見よう見まねで賭けてみた。そうこうしているうちにツキが回ってきて、大金が転がり込んだのだ。大損したのは船員たち。善八はそこで一計を案じた。

「次からは、ばくちをやらないでも魚は売ってくださいよ」

そう言うと、せっかくつかんだ大金をいとも簡単に船員たちに返してしまった。「この時は船員たちも驚いた顔だったよ」と、後に善八は語ったそうだ。この出来事があって以降、善八に魚を持ち込む船員たちが増えていった。

善八は、１９０５年（明治38年）、23歳の時に「稲井善八商店」を創業した。船員たちから買いつけた北海道の塩鮭を中心に、海の恵みを扱う商人として頭角を現しはじめた。

●鯨缶の製造とクジラの残渣利用の模索

善八が商店を興した１９０５年（明治38年）は、日露戦争が終結した年である。戦果として、日本はロシアから捕鯨用のキャッチャーボートを獲得した。キャッチャーボートとは、銛《もり》を発射できる捕鯨砲を船首につけた捕鯨船だ。それまでのクジラ漁は、地域によって手銛、定置網など、さまざまな漁法で行われていたが、キャッチャーボートの登場により、泳ぎの速いクジラも楽に捕獲できるようになり、一気に近代化した。

さてこのころ、古くから捕鯨が盛んだった九州、四国、和歌山の近海では、だんだんクジラが姿を見せなくなっていた。

一方、仙台藩がかつて捕鯨のための「鯨組」を設置した記録はあるものの、そもそも豊かな漁場であった金華山沖では、捕鯨は盛んにならなかったらしい。そのためこの時代の金華山沖では、大きなクジラが捕らえられることもなく、悠々と潮を吹きながら泳ぐ姿が見られた。

これに目をつけたのが山口県下関を拠点にしていた、東洋捕鯨社（現 株式会社ニッスイ）である。荻浜港より南の鮎川港に捕鯨基地を設け、宮城に進出してきた。牡鹿半島の突端にある鮎川港は、捕らえたクジラを陸に揚げるのに都合がよかったのだ。

当時の日本人がクジラを捕る大きな目的は、鯨油《げいゆ》の入手である。機械の潤滑油や灯火用の燃料、ロウソクや石けん、そしてマーガリンの原料にもなる鯨油は多大な利用価値があった。クジラを一匹解体するだけでも多くの人手が必要なため、雇用も生まれる。「一匹の鯨に七浦賑《にぎ》わう」ということわざがあるように、クジラのもたらす利益はとてつもなく大きなものだったのだ。

一方、クジラには、漁業の神であるエビス神の化身とする信仰もあった。そのせいか、「クジラを捕ればイワシもサバもいなくなり、海藻も枯れる」と懸念した人々による反対運動が起こっていた。しかし、操業後2か月もするとそれも下火になる。捕鯨によってもたらされた繁栄で、町が活況を呈するようになったからだ。キャッチャーボートに乗っているのは、海外から来た砲手や船員たち。捕鯨基地が増え、鮎川は国際色豊かな町へと発展していった。

一見するとクジラによって栄えたように見える鮎川の町だったが、水面下では後に「クジラ公害」と呼ばれるトラブルが進行していた。

クジラは皮や骨、そして頭の中に脂がある。煮たり焼いたりして搾油されたあとには大量のカスが残る。このころの東北地方には鯨肉を食べる習慣はほとんどなく、クジラはあくまで油脂原料の扱い。鯨肉も含めたクジラの残渣《ざんさ》が、鮎川の漁村に大きなトラブルを巻き起こしたのだった。

「クジラのカスを海に捨てるのはいい加減にしろ！」

貝やワカメを取って暮らす漁民が何度も捕鯨会社へ抗議にやってきた。捕鯨会社も対策として、残渣を沖のほうで捨てていたが、何日かするとそれらは波に乗って戻り、強烈な腐敗臭を伴って浜に打ち上げられてくる。これではほかの漁業従事者が怒りだすのも無理はないだろう。

漁民たちは、鉢巻きをして眼を血走らせ、口々に、

「これ以上捨てると、この磯は使い物にならなくなる！　俺たちは生活できなくなる！」

そう捕鯨会社を責め立てる。そんな人々を前に捕鯨会社の責任者はなすすべもなく、ただ謝ることしかできなかった。

稲井善八商店を興した翌年、24歳になったばかりの善八は、その様子を見て、考え込んでいた。

「捕鯨でどんなに鮎川が豊かになっても、沿岸漁民の生活を奪うようでは本当の発展とはいえない。カスが出ないようにするにはクジラの完全利用が必要だ。そもそも油を搾ったあとの残り部分を捨ててしまうようでは、捕鯨会社の経営にとっても不合理じゃないか」

さらに善八は、一人の人間として、こうも思っていた。

「海の幸のクジラは天の恵み。尊い生命を人間のエゴイズムで奪い、その体を利用する……。この神をも恐れぬ行為は、できるだけ完全に『いただいた生命』を活用しなければ許されるはずがない」

善八は思案の結果、クジラのカスを活用して肥料を作ることを思いつく。

「肥料にして畑にまこう。カスを海に捨ててトラブルの種をまくより賢明だ」

村の知人に声をかけ、6〜7人でさっそく作業を開始すると、日を追うごとに協力者は増え続け、気がついた時には40〜50人の大所帯になっていた。この間に善八は販路を整え、肥料を全国各地の農村に販売した。「特に滋賀県で好評だった」と後に語っている。

善八のアイデアにより、鮎川でのクジラ公害騒ぎは収束をみせた。加えて稲井善八商店はクジラから油と肥料を作り、販売することによって事業的にも成功していった。

しかしこれで満足する善八ではなかった。クジラの生命を真に大切にするため、「もっと無駄なくクジラを活用する方法はないだろうか」と考え続けたのだ。


東洋捕鯨社は、鮎川で鯨肉の缶詰（鯨缶）製造をスタートした。今では保存食としての側面が強い缶詰だが、冷蔵技術のない当時は生肉のままでは流通が厳しいために製造されていた。クジラの完全利用を志す善八は、「思い立ったらやってみる」行動力で自身も鯨缶作りに挑戦することにした。


善八の缶詰は地道な手工業で作られたものだったが、味がよく大いに売れた。

だが、そこで善八は気づいたのだ。

「話が逆だ。缶詰で売れる肉ならば、生肉で売れないはずがない」

と。


善八は、クジラの生肉を食用として販売してもらえるルートを探し出した。冷蔵技術が発達していない当時、食用に流通するのは塩蔵肉か缶詰。日もちしない生肉は産地で消費されることがほとんどである。しかし東北地方ではクジラの生肉を食べる習慣はない。まずは生肉の消費基盤を確立し、市場を拡大していくと共に、生肉専門の流通ルート開拓にも力を注ぎ、成功させていったのだ。

いつしか鯨肉は牡鹿半島の人々にとって欠かせない郷土の味になっていった。この地域で鯨肉がよく流通していた時代、ハレの日には新鮮な赤身と白身を重ねた「鯨の紅白造り」が食べられていた。縁起のよい紅白を組み合わせた鯨肉を重ねてほおばると、口の中で霜降り状態になって大変な美味であったという。善八をはじめとした人々の努力は、鯨肉を無駄にしないどころか宮城の食文化にも大きく影響を与えたのだ。

加えて言えば、どんなによい商品でも販路が閉ざされていたのでは意味がない。善八の取り組んだ販路の拡大は、捕鯨事業の発展にも大きく貢献したといえるだろう。日本が世界を代表する捕鯨王国となったのも、善八らの功績に負うところが大きい。その意味では、鯨肉の販路拡大は彼の生涯で最も特筆に値する業績の一つである。

鯨缶や鯨肉の販売により、稲井善八商店はさらに勢いを増す。

クジラの活用で大きな利益を得た善八であったが、決してこれを自社の利潤追求のためだけに行ってきたわけではないことは心にとどめておきたい。港町には、互いの協力を欠くことができない漁業を生業とする人々が多い。それ故に自然と他者を思いやる心が育まれていく。港町育ちの善八は、クジラを捕っても、極力誰も苦しまない社会を目指したのだ。

その「誰も」の対象には、人間だけでなく当然クジラも含まれている。失われてしまうクジラの生命に最大限の敬意を払う気持ちも、善八の挑戦をあと押しした。その思いはやがて日本の捕鯨事業を将来にわたって国際的に発展させる情熱になり、善八は自ら捕鯨に携わっていった。
やがて稲井善八商店は、北は択捉島《えとろふとう》、南は沖縄の捕鯨基地にまで手広く事業を展開していった。

●「利他の心」で倒産の危機を乗り越える

自己の利益だけでなく、広く利他の心を忘れなかった善八。その人柄を感じられるエピソードも残っている。時代は進み、昭和になってからの話だ。

善八が28歳の時、稲井グループの2代目となる善夫が生まれた。宮城県石巻商業学校（現 石巻商業高等学校）を卒業した善夫は、１９２７年（昭和2年）、19歳で稲井善八商店に入社した。その2年後の１９２９年（昭和4年）、ニューヨーク証券取引所が株価の大暴落を起こした。世界恐慌の始まりである。

もちろん、捕鯨業界にも油脂業界にも世界恐慌は大きな影を落とした。

稲井善八商店の場合、原料を仕入れ鯨油を作っても、まったく売れない日々が続いた。しかし善八は、捕鯨会社のことを思ってクジラを買い続けた。困ったことに、この時期、鯨缶もさっぱり売れず、いつしか倉庫は、鯨油と鯨缶の在庫であふれていた。粘りに粘った善八も、そこまでの状態になって、これ以上はやむを得ないと、ようやく捕鯨会社と話し合いを持ち、仕入れをストップする決断を下した。しかし、仕入れを止めたところで在庫がはける様子はない。腐敗しはじめた缶から漏れた油で、倉庫の床一面は洪水のようになっていた。

鯨油の輸出不振もあり、価格は大幅に落ちていた。恐慌前の相場は5ガロン（1ガロン＝約1・8リットル）1缶で3円30銭から3円50銭だったが、ようやく在庫が動きはじめた1年後には約3分の1の1円20銭にまで暴落していた。このまま売り続けたら損害は必至である。

「損を覚悟で売るべきなのか、それとも……」

善八は大いに悩んだ。

そんな苦境に立たされた稲井善八商店に吉報が舞い込んできた。なんと、合同油脂社をはじめとした油脂メーカー4社が、「恩義のある稲井のため」にひと肌脱いでくれるというのだ。

合同油脂社の担当者は言った。

「1缶、1円50銭で買い取ります」

少しでも高く買い取ってもらえるうえに山積みの在庫がはける。善八にとって非常にありがたい申し出であったろう。しかし、善八はそれでも首を縦に振ることができなかった。なぜなら、倉庫の在庫を担保に1缶あたり2円数十銭で銀行から融資を受けていたからだ。この誘いに鯨油を出荷したところで、50銭以上の損が出てしまう……。

稲井善八商店は、倒産の危機に直面していた。

善八は長男の善夫と共に必死に金策に走り回った。まだ経験も浅く若い善夫は何度も心が折れそうになったし、百戦錬磨の善八ですら血尿が出るほど心身共に追い詰められていた。

そんな時に支えとなったのが、善八の妻 志ゑである。物腰が柔らかで常にほほ笑みを絶やさない女性であったが、「ここぞ」という時には夫と長男をバシッと叱咤《しった》し、励まし続ける芯の強さがあった。その姿には多くの従業員の人生を預かる経営者の妻としての覚悟があった。善八は妻の気丈な姿に、何度も勇気をもらったという。

そんなことが続いたある日、合同油脂社から再び電話が来た。

「どんなご用件でしょう？」

「来ていただければわかります。悪い話ではありません」

なおも尋ねると、合同油脂社の発案で鯨油の買い上げ価格を1円50銭から2円に値上げしてくれるというのだ。

「これまで稲井さんには大変にお世話になりましたから、その恩返しとして……」

と、先方は繰り返す。

「……善夫、お前が行って来い」

善八は、息子に言った。

「値上げ分の50銭をもらってはいけない。借りてくるんだ、『あとで必ず返すから』と言って」

合同油脂社を訪ねた善夫は借用証書を差し出し、父の言いつけ通り、値上げ分のお金は借用の扱いにしてもらった。善八は、善夫が借りてきたそのお金で、さっそく銀行からの借入金を完済した。

――稲井善八商店はもう倒産するだろう。

ちまたにはそんなうわさが流れていたというのに、突然、全額返済が行われ、銀行も驚きを隠せなかった。しかし、これだけではない。善八にはまだ策があった。銀行からの融資をきれいにした善八は、あらためて銀行からお金を借り、そのお金で今度は善夫が借りてきた油脂メーカーへの借金を完済したのだ。

なぜ、こんな回りくどい方法をとったのか。後に善八はこう語った。

「稲井善八商店は、あくまで捕鯨会社の代行商社だ。自社が苦しいからと目先の利益にとらわれて、取引先である油脂メーカーから便宜を図ってもらうようでは、長い目で見ると商売上マイナスが大きい。こんな時だからこそ、しっかり自社の立ち位置と将来を見極めなければならない」

捕鯨会社とは話し合いの結果、3年間かけて未払い分を完済することで合意を得た。この間に恐慌はピークが過ぎ、経済界にも活気が戻りはじめていた。

この出来事があって以降、捕鯨会社、油脂メーカー、銀行は、善八の人柄や聡明さを再認識し、稲井善八商店に対する信用はさらに増していった。

●2代目 善夫の決断

さて今度は、昭和恐慌下の倒産危機を父 善八と共にくぐり抜けた2代目の善夫が26歳ごろの話である。

捕鯨事業は年々盛んになり、クジラが豊富な漁場を求めて、北へ北へと進出していった。その当時は、捕鯨基地のそばに缶詰の加工場を設けるのが一般的で、捕鯨会社の移転先に加工場も一緒に移転していくのだ。稲井善八商店もその方式で北へと進出していった。

善夫は北海道の千島列島にいた。クジラ加工の最前線に立ち、社員と共にクジラの解体作業を行うためである。

作業を終え、極寒の北の捕鯨基地でストーブにあたっていた時、善夫はふと考えた。

「捕鯨事業は今後も確実に拡大が見込める。でも今、稲井の缶詰加工は実に原始的な手工業だ。もっと処理能力を上げないと……」

煌々《こうこう》と燃えるストーブの炎を見つめているうちに、善夫の心にも火がついたのだろう。宮城に戻ると、父 善八の許可を得てアメリカのアトランテック社からオートメーションの缶詰製造設備を購入し、塩釜に新工場の建設を開始した。

捕鯨基地の移動に合わせて加工場を移転させる方式をやめ、塩釜に拠点を置いて捕鯨基地から鯨肉を運んでくる方式に変えたのだ。これは当時としては画期的なことで、のるかそるかの大英断でもあった。現地では材料の仕入れだけを行い、高度な設備と技能を要する工程は、消費地のなるべく近くに置くことができる。製造コスト面でも大いに助かるのだ。

工場建設に合わせて、善夫はもう一つ新しいことを始めた。

それが1ポンドの大缶と半ポンドの小缶の導入である。1ポンドはだいたい450グラムなので、現在のサイズにするとフルーツやトマト水煮の缶詰などでよく見かける4号缶サイズといったところであろう。

工場での生産量を大缶8割、小缶2割と決め、内容量の半分の小缶の価格については大缶の60パーセントと少々割高に設定した。サイズが変わったところで缶詰を作る手間は大缶も小缶も変わらない。それなのに、内容量に合わせて小缶の価格を下げてしまっては、生産コスト面で損が出る。内容量ではなく、製造コストに見合った金額設定を取り入れたのだ。

当初は価格の安い小缶に人気が集中した。しかし生産量が全体の2割しかないため、稲井の小缶はすぐに売り切れてしまう。仕方なく、問屋はほかの鯨缶メーカーに発注する。しかし、最新鋭の設備でオートメーションを実現した稲井の製造コストは他社と比較にならないほど安く、それが正しく卸値にも反映されていたため、結局、問屋は稲井に戻り、その時に在庫がある大缶を買うことになる。そうなってくると、小缶を繰り返し購入するより、最初から大缶を選んだほうが手間はかからないし、そもそも大缶を選んだほうが利益も大きい。善夫の狙いはそこにあった。

稲井善八商店の取り組みにより、大缶が業界の主流になっていった。加えて捕鯨会社は消化率の高い稲井に鯨肉を優先的に持ち込むようになった。

善夫は並行し、新市場の開拓にも着手した。当時の日本は、言わずと知れた農業大国だ。「日本最大のマーケットである農村を相手にすれば大幅な需要増が見込める」

そう考えた善夫は農協に働きかけ、農村への販売を始めた。

牛肉の缶詰と比較しても格段に安い鯨缶に農村は飛びついた。しかも、協同組合である農協では1箱（大缶4ダース入り）単位で買ってくれるのだ。これに伴い、年間消費数は7万箱から25万箱へと激増した。

生産原価の安いものが圧倒的に競争に勝つ。ほかの鯨缶メーカーの工場は次々に倒産、鯨缶は稲井の独壇場になっていった。

●稲井善八商店ゼラチン部門開設

善夫は、自分が生まれた時の父の年齢と同じ28歳になったころ、新しいチャレンジを始めた。

それは、かねてから気になっていた「クジラの頭」の活用である。そもそもクジラの頭部は食用にはならない。肥料にしたところで、頭部が混入されたものは安値で取引されてしまうのだ。

善夫は、創業者である父から、「生命の完全利用」についてよく聞かされて育っていた。

「殺戮《さつりく》されたあげく体をゴミとして捨てられるクジラにもし魂があったら、決して成仏できないだろう」

父はその思いでクジラの残渣から肥料を製造し、クジラ公害をゼロにした。善夫も自分にできることがあるはずだと模索していた。


加えて善夫本人の脳裏に、クジラにまつわる忌まわしい出来事がよぎるのだ。

それは、善夫が捕鯨の現場にいた1931年（昭和6年）ごろのこと。

陸揚げされたクジラは「ウォン、ウォン」といかにも悲しげな声を響き渡らせるという。そしてその声をあげている間に、またたくまに大きな包丁で解体されていく。大きなワイヤーで高く吊り上げられたクジラを解体するのは数人がかりの作業だ。

作業の光景は壮絶なものだ。

クジラの切断面からは鮮血が飛び散り、作業員に降り注ぐ。その血の雨の中で作業員は、クジラの鳴き声にもワイヤーを巻き上げるウインチの音にも負けないような勇ましいかけ声をあげ、鬼気迫る様子で作業を進めていく……。

ある日のこと、マッコウクジラの体内から龍涎香《りゅうぜんこう》が発見された。

マッコウクジラを漢字で「抹香鯨」と書くのは、龍涎香が抹香と似た香りがすることに由来するとされ、大変珍重されていた。ちなみに、2020年（令和2年）にタイで見つかった100

キロの龍涎香には、3億円超えの価値があるといわれた。ひとたび見つかれば、捕鯨基地の人々は歓喜の声をあげる。これは当たり前のことであったろう。

しかし龍涎香は、マッコウクジラの腸内にできる病的な結石物である。クジラを殺戮しただけではなく、死した体内から、病によりできたものを取り出し、クジラの鮮血で真っ赤に染まった人々がそれを見て喜ぶ……。

善夫はこの様子に、人間の悪魔性を見てしまったのだ。

「貪欲な人間には、決して死にゆくクジラの気持ちはわからない」

だが、善夫も彼らと同じ人間だ。ひとたび海に出ると、日々抱えているジレンマも忘れてクジラを捕ることに熱中してしまう。そんな自分にも善夫はうんざりしたことだろう。自分を苦しめる数々の気持ちを打ち消すように、善夫は繰り返しこう思ったのだ。

「クジラの死を無駄にしない唯一の方法は、父が言うようにクジラの完全利用だ。それしか方法がない。となると、十分に活用できていないクジラの頭部を、私の手でなんとかしなくては」

善夫は、生化学の権威で東北帝国大学（当時）の井上嘉都治《かつじ》博士を訪ねた。「井上博士は、深海のような深い色をたたえた目で、私を見つめたまま黙って耳を傾けていた」と善夫は後に振り返っている。

「クジラの頭の中は肉とは違うたんぱく質ですよね？ これは一体なんなのでしょうか。そしてどうやったらそれを活用できるでしょうか？」

善夫の質問に、博士は答えた。

「それは、コラーゲンたんぱくだ。有効な利用法としてはゼラチンしか考えられない」

コラーゲンやゼラチンに関しては、拙著『ゼライスのキセキ』で詳しく触れているので、解説はそちらに譲る。ゼラチンは、非常にユニークな性質を有する、生物には欠かせない成分である。ぜひ、ご一読いただきたい。

●宮城化学工業所の誕生

善夫は半年ほど井上博士の研究室に通い、クジラの頭からゼラチンを作り出す研究を重ねていた。併せてゼラチン生産の工業化を図るため、大阪工業試験所や応用化学の専門家を訪ね歩いた。

そんなある日のこと。ゼラチン作りに熱中していた善夫は、喫茶店でクジラの頭からゼラチンを取る方法について友人相手に夢中になって話していた。

後に特許を取ることになる、クジラの頭からのゼラチン精製について熱弁を振るう善夫の近くに、神様のいたずらとでもいうのだろうか、ゼラチンメーカーの男が座っていたのだ。

当時販売されていたゼラチンは、輸入豚や輸入牛が原料である。世界全体が大戦に向けて大きく舵《かじ》を切りはじめていたころで、だんだんとその原料も手に入りにくくなっている状況だった。

善夫が大きな声で語る「クジラの頭からゼラチンを取る方法」を聞いたその男は、「いいことを聞いた」とほくそ笑んだに違いない。さっそく捕鯨会社に出向き、クジラの頭を手に入れたらしい。しかし、そこからゼラチンを作ることはできず大失敗、大恥をかいたとか。

すでに製造のノウハウがあるメーカーでも困難なほど、クジラの頭からゼラチンを作り出すには革新的な技術が必要だったのだ。

研究を重ねに重ねた善夫の手元には、真っ白なゼラチンが光る試験管が握られていた。井上博士の門をたたいてから約2年後のことだった。

クジラの頭からゼラチンを作り出したのは、世界初の快挙だった。

1940年（昭和15年）、善夫は仙台市南小泉に研究所を設置した。

——まもなく、工業化できる。

そんなタイミングで、商工省（現 経済産業省）から打診があった。

「ゼラチン原料の輸入が難しくなっている。そこまで研究が進んでいるなら、必要な資材は提供するからすぐに本格製造にかかってはどうか？」

太平洋戦争開戦前ではあったが、すでに日本は統制経済に入っていた。工場の建設資材を集めるのも大変なご時世に、商工省はアルミ8トン、セメント1万袋を配給してくれるというのだ。善夫は、またとない幸運に恵まれた。

しかし、一利一害とでもいうのか、すぐに善夫を悲劇が襲う。

善夫の体は結核に侵されていた。

当時の結核は「不治の病」として恐れられていた。治療法も確立しておらず、とにかく療養するしか手立てがない。決め手になる医薬品がなく、大気療法、食事療法、日光療法くらいでお茶を濁すしかなかった。

しかし、どんなに体を休めていても、工場建設のことで頭がいっぱいの善夫の心は一向に落ち着かない。「これでは病気が重くなる」と、善夫は茶道を始めることにした。お茶をたしなみながら、心の風波を抑えようと努めた。そしてこの茶道が、その後の善夫の人生の大きな支えになっていった。

約半年の闘病を経て自宅に戻って来た善夫だが、まだ悲劇は残っていた。入院中に1歳だった第三子が急性肺炎で亡くなっていたのだ。思えば妻のきよが涙をためたまなざしで見舞いに来たことがあった。善夫の体を気遣い、きよも母の志ゑも愛児の死を善夫の耳に入れなかったのだ。

善夫はこの出来事に、人生のはかなさを強く感じた。

もちろん自分も、いつ結核が再発するかわからない。

——急ごう。工場建設を急ぐのだ。

ゼラチン製造には、清浄な水が大量に必要だ。工場は、きれいな水が大量に手に入る場所がよい。見つけたのが広瀬川の伏流水が大量に湧き出る、現在の仙台市若林区である。後のことになるが、1978年（昭和53年）に発生した宮城県沖地震で仙台市内の水道が断水した際、この工場から水道局がタンクローリーで取水し、仙台市民に給水している。

クジラからゼラチンを製造する世界初の工場は、建設に1年の時間を要した。1941年（昭和16年）10月29日に操業を開始。この工場は「宮城化学工業所」と名づけられた。後のゼライス仙台若林工場である。稲井善八商店のゼラチン研究開発・製造部門がここに誕生した。

太平洋戦争開戦の約1か月前のことであった。

●鯨缶からの撤退、そして宮城化学工業株式会社の誕生

太平洋戦争の局面が進むにつれて原料の輸入がストップし、輸入豚や輸入牛を原料とする国内のゼラチンメーカーは総崩れになっていった。しかし、クジラを原料とする宮城化学工業所は変わらずに生産を続けることができていた。出荷されるゼラチンには「特殊」の印が押され、宮城

化学工業所も軍の指定工場となった。ゼラチンを軍に納めてはいたものの、一体何に使われているのかは善夫にもわからなかった。

日増しに厳しくなる戦局の中、社員は次々に戦地へ駆り出されていく。最後に社に残った技術者は、善夫ただ一人だった。

この時期には、主力製品であった鯨缶の製造はやめていた。戦時下の国策により、合同の缶詰会社が作られたからである。もちろん稲井善八商店もそこに参加することはできたのだが、善夫はこのタイミングで思い切りよく鯨缶の製造から手を引いた。

「独立自尊の社会の先導者たれ」

内輪もめしながらみんなでやるより、孤高を守って新たな道を行くべし——この稲井家の哲学に従い、稲井善八商店は自社だけでできるゼラチン製造の道を選んだのだ。

この時代、政策によって会社の統合が続いており、まだ新しい宮城化学工業所は別の会社に吸収合併されてもおかしくはなかった。しかし、「ゼラチン製造」という業務の特性から別格に扱われ、株式組織に改組することで存続が可能となった。１９４４年（昭和19年）、宮城化学工業株式会社が誕生した。

戦時下にもかかわらず、稲井グループは急激な飛躍を遂げていた。鯨油、鯨肉の販売、そしてゼラチンの生産。東北地方最大規模の企業に発展していったのである。

●終戦。失われた資産

主力部門であった鯨缶製造から手を引いても、稲井グループは成長を続けていた。稲井善八商店は、クジラの捕れる千島列島の国後島《くなしりとう》と択捉島にいくつかの出先工場を設営し、鯨肉の加工、鯨油や肥料の製造、ゼラチン原料の生産と稼働を続けていた。

敗戦の色が濃くなり殺気立つ内地に比べ、深い緑に囲まれた千島の島々はどこかのんびりとしていた。樺太《からふと》は未開の原生林が続くというが、千島には灌木《かんぼく》が生い茂っている程度で鉱物の産出もない。捕鯨シーズンになれば漁業関係者が集まり、それに商人がついて来て、そのときだけ店開きをするといった状況だ。そんな千島の島々にも敗戦の足音は近づいていた。船をチャーターして製品を本土に運ぼうとすると、

「今は危ない。海軍の軍艦が船隊を組んで護衛していくから、それまで待て」

と軍に止められ、待たざるを得なくなってしまった。

しかし、待てど暮らせど海軍の護衛船は来ない。しびれを切らした従業員が、本来であれば魚雷を乗せて進撃する駆逐艦に乗り込んで引き揚げてくる始末であった。

――この状態では、もう長くないかもしれないな。

善夫がそう思ったころ、案の定、終戦を迎えた。

日本がポツダム宣言を受諾したのは8月14日だ。しかし16日になってソビエト連邦がカムチャツカ方面から侵攻してきた。日本守備隊（日本軍の地域防衛隊）はこれに応戦するも、軍部の命令により交戦を中止。武装解除を余儀なくされたため、ソ連軍はそのまま南下を続けた。ソ連軍の侵攻は28日に千島列島の択捉島、9月1日に国後島、色丹島《しこたんとう》、3日には歯舞《はぼまい》諸島にまで及び、そのままこれらの島々をソ連領に編入してしまった。これが令和の現在も解決の兆しが見えない北方領土問題である。

こうして、本土への搬送が進まず倉庫からはみ出して屋外まで山積みにされていた商品は、戦後、進駐してきたソ連軍に根こそぎ持っていかれてしまった。

終戦直前の1944年（昭和19年）の資料が稲井社に保管されている。

それによると、稲井善八商店は千島列島の北にある幌筵島《ぱらむしるとう》、択捉島の紗那村《しゃなむら》、小笠原諸島（東京都）の母島、そして塩釜、石巻、鮎川に事業所が存在していた。従業員数800名、東北地方で最大規模の企業といわれた稲井グループは外地資産が大きく、敗戦によって膨大な損失を被ったのだ。

第3章

戦禍からの復興とグループ企業設立

1945年〜1991年

ここでまた当時の世界情勢を確認しておこう。

終戦後、日本はＧＨＱ（連合国最高司令官総司令部）の占領下におかれた。軍国主義は財閥による下支えがあってのものだと考えたＧＨＱは財閥解体を指示。三井、三菱、安田、住友の４大財閥をはじめ15財閥の資産が凍結された。１９４６年（昭和21年）には、戦時中に生じた損失を適正に処理し、企業の再建を図るために「企業再建整備法」が制定された。これによりまた、いくつかの企業が分割されていった。労働者が立場向上を訴えはじめるのもこのころからである。

１９４８年（昭和23年）には、財政金融引き締め政策「ドッジ・ライン」が実施された。東西冷戦が本格化しはじめたため、日本の経済を自立させ、アジアにおける西側諸国の砦《とりで》となるようＧＨＱが方針を変えたのだ。１米ドルは３６０円の固定レートとなり、日本経済は国際市場への復帰がかなうこととなる一方、国内では失業や倒産も少なくなかった。ソ連に支援されていた北朝鮮と、アメリカに支援されていた韓国による朝鮮戦争が勃発したのは１９５０年（昭和25年）。日本は西側諸国にとって重要拠点になっていく。

戦後復興期を終え、１９５４年（昭和29年）からの日本は高度成長期に入っていく。１９５６年度（昭和31年度）の『経済白書』の序文に「もはや戦後ではない。我々はいまや異なった事態に当面しようとしている。回復を通じての成長は終わった。今後の成長は近代化によって支えられる」と記された。幸いなことにその後１９５５年（昭和30年）から１９７０年（昭和45年）までは「4大景気（神武景気、岩戸景気、オリンピック景気、いざなぎ景気）」と呼ばれる好景気が続く。またこの時代は安保闘争などの動きも重なって各種の対立構造が生まれ、労働組合と企業の対立も熾烈《しれつ》を極めた。加えて急速な産業の発展は公害をもたらした。世界的に地球環境保全への意識が高まり、クジラは自然保護の象徴とされるようにもなった。

長く続いた日本の好景気も、1970年代、中東での戦争に端を発する2度のオイルショックにより終止符が打たれた。また1971年の「ニクソン・ショック（当時のニクソン米大統領が、ドルの金との交換停止を発表）」から段階を経て、米ドルの固定レート制は終了。1973年（昭和48年）には変動制へと移行し、超円安時代も終わりを告げた。

1985年（昭和60年）の日・米・英・独・仏のG5によって行われたプラザ合意で、日本の経済は新局面を迎える。過度なドル高を是正するため、各国の外国為替市場の協調介入が決定した。しかし、国内では円高不況を懸念して日銀による低金利政策が継続する。企業は円高メリットを享受し、1980年代の後半からは空前絶後の好景気である「バブル経済」に突入する。

戦後復興期を経て、日本が経済大国として成長していく大きなうねりの中で、稲井グループ各社も新時代に合わせたビジネスを展開していく。

第3章は終戦の混乱期からスタートする。戦後の企業復興期に、稲井グループが巻き込まれたある事件から話を進めていこう。

●戦後広がるゼラチンの需要

稲井善八商店の創業者である善八は、終戦の年に64歳を迎えていた。

かつて漁師とやり合い、捕鯨の最前線に出ていたとは思えないほど穏やかな風情の好々爺《こうこうや》となって、石巻で隠居暮らしを決め込んでいる。そんな日々を楽しんでいるかのようにも見えたが、この姿は善八が生涯を賭けて作り上げてきたものを戦争で一気になくしてしまった暗澹《あんたん》たる気持ちの裏返しであったかもしれない。

一方、息子の善夫は36歳。宮城化学工業の工場で1日も休まずに仕事に明け暮れつつ、並行して稲井善八商店の立て直しに奔走していた。

「原料は確保してある。人員さえ戻ればいつでもフル操業に戻れる」

宮城化学工業では、沿岸捕鯨と宮城県内で採れる亜炭《あたん》（石炭の一種で炭化度が低いもの）を原料にゼラチン生産を継続していた。

終戦後、稲井善八商店と宮城化学工業にも続々と社員が復員してきた。

風の便りによると、戦時中に製造したゼラチンはロケットの隔離板や印画紙の感光材として航空写真などに使われていたらしい。

食糧は底をつき、衣料品にもろくなものはない。住居も戦火で焼き払われていた。衣食住のいずれかであればすぐに需要も戻るだろう。平和な時代が訪れたのは大変に喜ばしいことだが、終戦により、ゼラチンの一番の得意先であった軍部がなくなってしまった。

「卸先がないのは困ったことだな……」

鯨油を生産しても売れず、商品が山積みになっていた世界恐慌時の経験があるだけに、善夫にとっては気が重いことであったはずだ。

——ゼラチンの需要の戻りはゆっくりだろう。

そう善夫は想定していたが、ゼラチンのポテンシャルは高かった。善夫の想定を大きく裏切る速度で急激に回復していった。身近なものとしては、マッチの原料としての利用だ。ゼラチンの入っていないマッチは軽い摩擦で発火してしまい、かなり危険なのだが、ここにゼラチンが入ることにより、強すぎず、弱すぎない「ほどよい摩擦」で発火できるようになる。このほかにも、食品用はもちろん、薬の凝固剤などの医療用にと、ゼラチン需要の戻りは、すぐに爆発的なものとなった。

●初代 善八、この世を去る

会社も軌道に乗った1950年（昭和25年）、善夫は東京へ向かっていた。稲井善八商店の社長として取引先のミヨシ化学株式会社と、支払いについての話し合いを持つためだ。

戦後、相次いで企業の解体と再構築が行われた。善八の代から取引のあったミヨシ化学興業株式会社も、1949年（昭和24年）に「ミヨシ油脂株式会社」と「ミヨシ化学株式会社」の2社に分離していた。ミヨシ油脂の三木春逸《しゅんいつ》社長とは引き続き懇意にしていたが、ミヨシ化学とは関係性も薄く、原料納品はしていなかった。

ミヨシ化学の社長に再三請われ、取引開始の相談を受けた善夫だったが、面会してみると、服装からしてその人物はどうも金持ちであることをひけらかしているようで、着実にビジネスをするタイプには到底見えない。しかしミヨシ化学とミヨシ油脂の兄弟関係を思うとむげにもできず、

「おたくから別れた三木さんが苦労の真っ最中ですから、しばらくそちらに回させてください」

と言ってお茶を濁した。それでもミヨシ化学の社長は諦めなかった。隠居している石巻の善八の元にまで押しかけて来て頼み込んでくるありさまだ。これを受けて善八は、

「同じミヨシなのだから、一方だけに売らないでミヨシ化学にもたまには売ってあげなさい」

と善夫を諭した。

父のひと言で腹をくくった善夫は、相当量の鯨油を融通しミヨシ化学に納めたが、支払いの確約がとれていなかった。仕方なしに善夫は東京のミヨシ化学に乗り込むことにした。

上京の朝、善夫は善八に電話をかけた。

1～2年前から病床にあった善八だったが、その日は元気な様子でこう言った。

「東京に着いたら、東大病院に入院中の鈴木三弥《さんや》さんを見舞ってくれないか。どうも気になるんだ……」

鈴木氏は善八と共同で遠洋捕鯨合資会社を作った人物だ。思えば、善八に虫の知らせがあったのかもしれない。翌朝東京に着いた善夫がさっそく東大病院を訪れると、すぐ鈴木氏の容態が急変し、そのまま帰らぬ人となった。思いがけずその日、通夜の客となった善夫の元に、真夜中、電報が届いた。

〈チチキトクスグカエレ〉

善夫は仰天した。仙台に帰る汽車はすでに終わっている。当時は朝になるまで石巻までの移動手段はなかった。眠れぬ夜を過ごし、朝一番に汽車に飛び乗ると、車中の善夫にまた電報が届いた。当時は汽車の中でも電報を受け取ることができた。

〈タダイマシヨウコウチュウ〉

——小康中？　焼香中？　いやまさか。

善夫は心の中でつぶやく。汽車の進みが、いつもよりゆっくりと感じられた。

仙台駅を降り、迎えの車に飛び乗るも、誰も口を開かない。善夫は天を仰いだ。

——できるなら、ひと目だけでもいい。生きている父に会いたい。

ようやく家にたどり着いた善夫が見た善八の顔には、白布がかけられていた。

1950年（昭和25年）11月3日、善八・享年69歳であった。

さらに悪いことは重なるもので、それから1週間後、くだんのミヨシ化学が不渡りを出したという知らせが届いた。稲井善八商店の負債額は、今の価値に換算すると約3億円に上った。

不渡りの知らせを受け取った日は、奇しくも善八の葬儀の日であった。

●2代目経営者としての覚悟と成長

善夫は、この一連の不遇についてなんとか意味を見いだそうとした。

――あれだけ拒んだ取引を父のひと言で決めたにもかかわらず、集金のために訪れた東京で、父の知人の死によって回収のチャンスを逃した。そして、その父も亡くなり、結果的に巨額の損失を被った。

考えても答えが出るものではない。善夫はこう結論づけた。

――これは父の遺志だ。何もかもが調子よくいったのでは私のためにならないと、千尋《せんじん》の谷に子を突き落とす獅子になったのだ。

善夫は、全社員を集めてこう宣言した。

「ミヨシ化学の焦げつきについては、今後ひと言も愚痴をこぼしてはならない。債権者会議があっても私は一切出ていかない、これは先代である親父が遺してくれた教訓だと考えている」

そう自分を納得させたところで、善夫の悲劇は終わらない。むしろ、ここから半月の間にさらなる難題が降りかかるのだ。

稲井善八商店は本社社屋の新築中で棟上げ式を控え、今までになく忙しい日々を迎えていた。そのさなかに、善八の逝去に伴う相続税問題が紛糾する。加えて宮城化学工業の社員の一部が労働争議を起こした。

この時代、日本各地で労働争議の嵐が吹き荒れていた。戦後の急激なインフレにより、庶民の生活不安は大きく、官公庁関係の組合でさえも労働運動を起こそうとする時代の流れの中で、宮城化学工業も無縁ではいられなかったのだ。12月になると連日のストライキで会社をロックアウト（閉鎖）しなければならないほど、その争いは激しかった。もちろん、ミヨシ化学から被った多額の負債も、重く善夫にのしかかっていた。

この年、善夫は42歳。厄年だった。

善夫が新入社員だったころ、世界恐慌を父と共に乗り越えた時のように、弱音を吐きそうになる善夫を母 志ゑが叱咤激励した。

そんな母の姿に、ふと善夫は小学6年生のころを思い出していた。

善夫は突然、母に納豆売りを命じられた。以来、雨の日も風の日も、雪が降る日も、朝早くから善夫は、

「ナヨトオーヨットー」

と、呼び声を響かせながら、石巻の市内を回り納豆を売り歩いた。これを1年間続けたあと、今度は駅まで一里（約4キロメートル）の道を、荷車を引いてちくわやかまぼこの運搬を言いつけられたのだ。なぜこんなことをさせられたのか？

――父の会社の人手が足りていないのかな？

――もしかして、生活費が足りてないのか？

そんなふうに善夫も幼い心で心配したことだろう。その謎が解けたのは、善夫の結婚式の時だ。母は一通の貯金通帳を善夫に差し出し、こう言った。

「これは、あなたが納豆売りと荷車引きで稼いだお金ですよ」

幼い善夫が懸命に働いたところで、開いた通帳に並ぶ数字は取るに足らないものである。それでもその通帳には、創業者一族だからこそ「働くことの尊さ」と「生き抜くための根性」を忘れないようにという、母の教えが詰め込まれているように感じられた。

聡明な母の慈愛と、父を亡くした深い喪失感をバネに善夫は自分を奮い立たせ、各問題の解決に奔走し、これを乗り越えていく。労使関係の回復にも努め、労働争議は年の明けた1月には解決が見えはじめた。これを機に、労働条件の改善や福利厚生の拡充にも着手した。

善夫は、創業者である父 善八の逝去に際し、後にこんなことを考えている。

——父子二代にわたる事業の原動力はなんであったか？
——その独創性はどこにあったか？
善夫の考察によると、創業者 善八は、経営者としてはきわめて理屈っぽい。それから数字に明るく、分析が精密だ。これは科学経営をモットーとする近代経営学にぴったりである。その一方、武骨なまでの粘り強さがあった。途中どんなに苦労しても、一度手がけた事業はどこまでもやり抜く。近代経営の素質に明治生まれの根性を併せ持つのが善八なのだ。

討論を好んだ善八は、経営にもこれを取り入れた。今でいうブレストだ。討論を好まない日本人にあって、時には相手を傷つけてしまいかねない可能性に気を遣いながらも、善八が追及の手を一切緩めなかったことを思い出す。

思えば、「金もうけ」のために善八が始めた仕事は何もなかった。すべて「社会にある理不尽な無駄をなくそう」「社会のためになることをしよう」というのが出発点だった。

「自分がやらなかったら、誰もできない」

この使命感が善八を突き動かした。だから、仕事に対して情熱を燃やし続けられたのだ。目先にとらわれていたのでは、本当に社会の役に立つ事業は生まれない。

「経営者は１００年の繁栄を念頭に置くべきだ」

善八がかつて言った言葉を、善夫も自身の経営理念として心に刻んだ。

「微視《びし》的な現在にとらわれず、巨視《きょし》的に未来を見渡せ」

善八は善夫に、経営理念を通じてこう語りかける。

――歴史を相手に、天を相手にして、初めて真の仕事ができる。

こうして善夫は真の経営者としての道を歩みはじめたのである。

●家庭用ゼラチンパウダー「ゼライス」の誕生

時代は高度経済成長期。戦後の混乱を抜け、日本人の生活はどんどん豊かになり、食生活も欧米化が進んでいった。

食用ゼラチンの発祥はヨーロッパで、1800年代にはすでに生産されていた。ゼリーにムース、ババロア、それからテリーヌ……。西洋料理にゼラチンは欠かせないものだ。欧米では戦後、家庭での食用ゼラチン需要が年々増していた。

一方国内では、ゼラチン同様に固まる作用がある食材として寒天や葛《くず》が古くから使われていたこともあり、ゼラチンの普及は今一つ。それでも今後食生活の欧米化が加速すれば、日本の一般家庭でもゼラチンでしか作ることができないプルンとした食感が好まれるようになり、需要が高まるはずだと善夫はにらんでいた。

善夫は、ゼラチンの栄養価を再認識してもらうため、栄養学はもちろん、医学界の権威を訪ねて意見を請うた。国内で家庭用ゼラチンの需要を増やすには、市場の開拓も欠かせない。それには消費者にとって魅力的で、手に取りたくなるような商品開発も忘れてはならない。

宮城化学工業では当初、食用ゼラチンとして板状のゼラチンを製造していたが、より進化させ、溶け残りの生じにくいパウダー状のゼラチンを完成させた。ゼラチンパウダーは、宮城化学工業が日本で初めて開発したものである。

かくして1953年（昭和28年）、世に送り出された日本初の家庭用高級ゼラチンパウダーは、「ゼライス」と名づけられた。これは「ゼリーを愛する」という意味から善夫が命名したものだ。ゼラチンのプルンとした「ゼリー」のような雰囲気に、冷やして固める「アイス（氷）」もイメージしたダブルミーニングでもある。

食料品店での販売ルートに乗って6大主要都市で一斉発売された「ゼライス」は、翌年から全国展開をスタート。営業スタッフも高級食料雑貨店や展示場といった場所でゼリーの実演販売などを行い、ゼライスの知名度向上にひと役買った。成分の大半が動物性たんぱく質であり、アミノ酸が豊富であることをうたうなどし、栄養面でも強くアピールすることにした。

ゼライスは、その使いやすさから、家庭用のみならずホテルやレストランといったプロの料理人からも熱く支持され、認知度が拡大していく。

1958年（昭和33年）、東京の帝国ホテルに日本初のビュッフェ形式のレストラン「インペリアルバイキング」がオープンし、このビュッフェでゼリーが提供されるようになるとまたゼラチンは注目された。一般家庭への冷蔵庫の普及と共に「ゼライス」人気に火がつき、山の手の一般家庭はもとより、老舗料亭「吉兆」でも、早々にゼラチンが調理に取り入れられた。後のことにはなるが宮城化学工業の東京営業所が新橋に開設されると、銀座から若い料理人が自転車を走らせて買いに来る光景がよく見られた。

このころ、地方に本社を持つ企業としては珍しく全国でテレビコマーシャルの放映も行っている。余談だが、この際使われたコマーシャルソングは楽譜しか現存せず、動画や音源を捜索中である。もし、お持ちの方がいらしたら当社にぜひお知らせいただきたい。

やがて「ゼライス」は、それを商標とは知らず、ゼラチンの別名や正式名称だと勘違いする人も現れるほどに知名度が高まっていった。と同時に、「ゼライス」の需要も急テンポで拡大していく。

●塩釜瓦斯、稲井グループに合流

ここで時代を少しさかのぼって、稲井グループの1社、塩釜瓦斯の歴史を見ておこう。

初代社長の小林友太郎が塩釜瓦斯を立ち上げたのは1930年（昭和5年）、小林が66歳の時のことである。小林は、太平洋戦争開戦の年である1941年（昭和16年）に78歳でこの世を去った。そこで副社長を務めていた人物へと経営が引き継がれた。

現在、国を代表するような企業には、いずれも戦争によって荒廃した日本を生き延びてきた歴史がある。それらの企業には、高い志や不屈の精神、そして強いリーダーシップで従業員を導いてきた優秀な経営者たちの存在があった。

しかし残念ながら、塩釜瓦斯の2代目には、そういった経営手腕がなかった。

それを象徴するのが、塩釜瓦斯の労働争議の熾烈さである。

ベースアップ等、賃上げ交渉がメインの「春闘」はもちろんのこと、全国的にもあまり記録がない「秋闘《しゅうとう》」――福利厚生や労働環境改善が主に俎上《そじょう》に上がる――も行われていたほどで、業界内でもその激しさは有名であった。春と秋のシーズンになると、労働者のシンボルである赤い旗が会社の敷地を囲い、猛々《たけだけ》しくはためいていた。

善夫は、1967年（昭和42年）に塩釜瓦斯の第3代社長に就任しているが、当初善夫は、この社長就任に乗り気ではなかった。

というのも、この時期、塩釜瓦斯の社内の雰囲気は最悪といってもよい状態で、会社の業績も悪く、どこからも支援を受けられなかったのだ。

なぜこんな事態に陥ったのか。

宮城県を代表する大都市だった仙台市と塩釜市には、周辺一帯の町村を巻き込んで戦前からたびたび「仙塩《せんえん》合併」と呼ばれる合併話が持ち上がっていた。ちょうどこの時期にも合併の話が盛り上がりを見せており、それに伴って塩釜瓦斯も仙台市ガス局に吸収合併されるのではないかと憶測した経営者がやる気を失っていたのだ。当時、塩釜市から多賀城町（当時）にガス管を延ばす話も持ち上がっていたのに「そんな無駄なカネを使うな」と言う始末である。そのような状態では社員も仕事に力を入れることはできない。労使関係が悪くなるのも当たり前のことだろう。

地元の名士であった善夫は、塩釜瓦斯の監査役を務めていた。しかし、一経営者として塩釜瓦斯とは距離を置きたいというのが本音だった。

ところが、塩釜瓦斯の若手の社員が善夫の家に日参し、救済を直訴しはじめたのだ。訪れた若手の中には、後に塩釜瓦斯の第5代社長を務める庄子公男や、専務となった山下靖らも含まれていた。数十年後に経営陣に加わるような、熱意とやる気と実力にあふれた若者たちが、社長を飛び越え、会社を思い、「どうか助けてください。助けてさえいただいたら、あとは自分たちがなんとかしますから」と、毎日、頭を下げに来るのだ。

善夫は結局、彼らの熱意に動かされ、彼らの未来を守った。

善夫は、個人の資産を投じて借金を返済。塩釜瓦斯を救済し、第3代社長に就任する。塩釜瓦斯はこれにより稲井グループに合流した。

善夫は、稲井善八商店、宮城化学工業で培った経営ノウハウを塩釜瓦斯に取り入れ、就任と同時に長期事業計画を打ち立てた。高度成長期の時流に乗って契約戸数は順調に伸びると判断し、石油プラントなどの設備投資をスタート。需要の高まりに備えていった。

善夫は、かつて宮城化学工業で労働争議の洗礼を受けている。その時同様に、「経営者は100年の繁栄を念頭に置くべきである」という自身のモットーのもと、企業体質に次々とメスを入れ、経営の安定と労働環境の改善に尽力した。ちなみに、仙塩合併は、共に合併がもくろまれていた多賀城町（当時）の反対により実現しなかった。

ところで、日本のガス文化の始まりは夜道を照らすガス灯であることはご存じだろうか。1990年（平成2年）、塩釜瓦斯は創立60周年記念にあたるその年に、本社近くの再開発ビル「壱番館」にガス灯9基を寄贈している。

●時代の流れは、2代目から3代目へ

さて善夫の長男 善孝は、1954年（昭和29年）に、慶應義塾大学経済学部に進学した。この時に、善孝は人生の師ともいうべき人物に出会う。寄宿先となった仙台育英会五城寮の寮監・仙台出身の山梨勝之進氏である。

山梨氏は、旧帝国海軍で「並ぶものなし」と評された教養人であり、人格者だ。海軍兵学校を卒業し、日露戦争に従軍し戦功をあげ、ロンドン軍縮条約の際には海軍次官として、二分する海

軍をまとめあげたという。後の海軍大将 山本五十六《いそろく》などにも大きな影響を与えている。その後、昭和天皇に請われて学習院院長となり、戦後は五城寮の寮監として新世代を担う宮城県出身の若者の育成に寄与された。

善孝は、山梨氏が怒ったところを一度も見たことがない。学生が酔っ払って寮内をひどく散らかしても、ユーモアたっぷりな冗談を寮生に言いながら、笑い飛ばしてくれるような人物だったという。

善孝が成人した時のこと、漢書や洋書の原書であふれかえる書斎に招かれた。山梨氏は、スラスラと色紙に筆を走らせ、次の歌を書いて善孝に渡した。

乾坤無地卓孤笻、
喜得人空法亦空。
珍重大元三尺劍、
電光影裡斬春風。

(元兵《げんぺい》に囲まれ) もはや、広い天地に1本の竹棹《たけさお》を立てる余裕もない。
ただ人 (=私) も法 (=私以外の世界) も「空」であることは喜ばしい。
ありがたいことに、元の国の三尺の剣が私に振るわれたとしてもそれは稲妻がまたたくまに春風を斬るのに等しいものだからだ。

この歌は、鎌倉時代の臨済宗の渡来僧　無学祖元《むがくそげん》禅師の「臨刃偈《りんじんげ》」である。無学祖元は建長寺の持僧（お抱えの僧侶）を経て円覚寺の開祖となった人物だ。無学祖元がまだ南宋にいた時に元の兵士に取り囲まれ、刃を突きつられた際に詠んだものだ。兵に囲まれても死を恐れず、座禅をしながら「空」の心境を詠んだ無学祖元に恐れをなし、兵士たちは退散したと伝わっている。

善孝は歌のいわんとするところを、

「とがってばかりでなく、もう少しバカになりなさいよ」

と読み取った。当時、若者らしく鋭さが際立っていた善孝を、「柔和にゆったり物事を見なさい」と諭したのだ。山梨氏の姿、存在、行動のすべては、これから経営者として生きていく善孝の行動規範になっていった。

善孝は慶應義塾大学を卒業後、1958年（昭和33年）に旧三井財閥系の食品商社 株式会社東京食品に入社した。そこでは営業部員としてアメリカ向けの缶詰の輸出を任された。扱っているのはサケ缶、マグロ缶、ミカン缶などである。外貨獲得のため身を粉にして働いていた。

ここでも善孝は、ビジネスマンとして、また経営を考えるにあたっての強い影響を受ける人物と出会っている。それは上司の伊藤守男課長である。アメリカ育ちで、日本語より英語のほうが上手な伊藤氏に、善孝は徹底的に鍛え上げられた。特に、取引先に送る英文の手紙は赤ペンで真っ赤になるほど添削され、「これはいじめなのか？」と不安を覚えるほどだった。

「今思えば、あれは私の日本人的な英語表現を、ネイティブの表現にとことん直してくれていたのだ」

善孝はそう振り返る。

二人はよく飲みに行った。伊藤氏はそこで、リアルな世界情勢をよく教えてくれた。この東京食品の時代があったからこそ、善孝は世界を広く見られる視座を得た。

やがて「この目で世界を見てみよう」と善孝は海外勤務を志願する。しかし間の悪いことに腎臓疾患が発覚。海外どころか27歳の貴重な1年間を東大病院で過ごすことになってしまった。

完治はしたが、善孝は父 善夫の勧めもあり、1963年（昭和38年）、緑豊かな杜《もり》の都である故郷に帰ってきた。そして稲井善八商店で調査室長に就任し、稲井グループを支える存在になっていく。

帰郷してまもなく善孝は結婚している。挙式は鹽竈《しおがま》神社で執り行われ、恩師である山梨勝之進氏も参列された。

妻となった瑛子は、英語が堪能な才媛だった。高校時代にＡＦＳ（世界規模で展開する高校生の交換留学活動を行う国際教育交流団体）の留学制度に合格し、ＡＦＳの全額負担でニューヨークに留学していた。留学先では、後に環境大臣、外務大臣などを歴任する川口順子《よりこ》氏と机を並べた。そういった環境で青春時代を過ごした瑛子は、英国航空に勤務後、ノースウエスト航空のキャビンアテンダントとして世界の空を飛び回り、グローバルで先進的な感覚を身につけていた。瑛子は時に稲井の危機を支え、稲井グループ4社目の創設のきっかけをもたらす存在となるのである。

善孝が稲井グループに合流した時期、日本全体には「流通革命論」が吹き荒れていた。その骨子は「スーパーマーケットの台頭により、小売店が減少する」ことに加え、「生産・小売りの両段階で量販化が進む」というものだ。各地に中央卸売市場が設置されると、稲井グループであってもクジラの入手に手間がかかるようになっていった。また、国際的な捕鯨規制からも免れられないことが予測され、今までのやり方では商売が難しくなってきたと、誰もが感じはじめていた。

善夫は日本の発展を見越して、この時期、グループ各社にさらなるテコ入れを始めた。

1951年（昭和26年）に株式会社へと改組した稲井善八商店は、品質管理に優れたメーカーとの取引をモットーに、良質な商品を扱う商社として盤石な経営を行いつつ、稲井グループが発展を遂げる礎となった「生命を大切に。不可食部分も資源である」という信念から、新事業を推し進めた。

かつてクジラ公害を抑え込んだのと同じように、魚の残渣で海が汚れることがないよう、フィッシュミール（魚粉）の製造を行う宮城魚糧工業株式会社を、1961年（昭和36年）に設立したのだ。

フィッシュミールは、市内の鮮魚店や水産加工場から出る魚のアラのほか、イワシなど大量に漁獲され、市場に出回らず廃棄されてしまう多獲性魚を原料として有効活用できる。令和の現代では世界的な問題となり、SDGsの目標にも掲げられる食品ロス削減に大きく貢献する事業である。フィッシュミールの製造工場は、塩釜市中の島に建設された。ここで製造されるフィッシュミールや魚油は、稲井善八商店の油脂部（現 営業部）を通じて取引先に販売された。

工場に導入された設備は、西ドイツ（当時）のブレーメン市にあるシロッターホーゼ社から購入したものだ。当時としては画期的な製造ラインを実現したシステムで、煮熟《しゃじゅく》（煮詰めること）から圧搾・乾燥という多工程が必要なフィッシュミールの製造を、原料投入からワンストップで行える完全オートメーションのものだった。将来的には素材を工夫することで人の食料の生産も視野に入れていたらしい。もしこれが実現すれば、日本初のものとなったに違いない。

余談だが、宮城魚糧工業株式会社設立後の1967年（昭和42年）には、石巻に同じくフィッシュミールの製造を手がける石巻魚糧工業株式会社が設立されている。こちらは善夫の弟である善次郎が社長を務めた会社ではあったが、現在は完全に独立経営のため、稲井グループの企業には数えない。

宮城魚糧工業は、2006年（平成18年）に稲井社に吸収合併され、現在は同社のフィッシュミール部になっている。


1967年（昭和42年）、宮城化学工業は「ゼライス」の販促活動を積極的に行うため、東京営業所を開設している。一方、稲井善八商店も同年、流通革命を好機ととらえ業務を拡大、損害保険代理店業に進出している。これは千代田火災海上保険株式会社（現 あいおいニッセイ同和損害保険会社）の当時の社長で、宮城県出身の手嶋恒二郎氏と善夫が懇意にしていたことから実現した。現在、損保代理店業は利用者への利便性などを総合的に鑑み、塩釜ガスへ業務移管している。また、稲井善八商店は、1970年（昭和45年）には岩手県に、1976年（昭和51年）には秋田県にそれぞれ営業所を開設し、東北の食の総合商社としての地盤を固めていった。

●蛟竜雲に乗る

1980年（昭和55年）。善孝が専務に就任したころ、父 善夫は体調を崩し、入退院を繰り返しながら仕事を続けていた。

そんな3月のある日、表千家の宗匠が亡くなったとの知らせを受け、義理堅い善夫は病気の体を押して京都に向かった。かつて、宮城化学工業の工場建設のタイミングで結核を患って以来、善夫が心のよりどころとして始めた茶道は彼を長く支え、晩年には表千家の宮城県支部長を務めるまでになっていた。入院先の病院から京都へ直行し、帰路につく前の電話で善夫はこう言った。

「体調は大丈夫。これから病院に戻る」

これが善孝の聞いた、父の最期の言葉だった。

善孝が稲井に入社したばかりのころ。家に帰っても、なお善夫から説教を受ける日が何日も続いた。いろりの前で2時間以上もあれこれ言われ続け、会社に足が向かなくなるほど苦痛だったことが脳裏に浮かんだ。それでも今はあの日に帰って「また父に学べたら……」という、悲しさと悔しさが入り混じった思いが去来する。

――蛟竜《こうりゅう》雲に乗る

善夫をしのび、息子として、また稲井グループの新世代を背負う者としての善孝が、初代善八の功績を残した『鯨やすかれ』に書いた一節だ。『三国志』《呉書・周瑜伝《しゅうゆでん》》に由来する。「中国の伝説上の生物で、水にすむ『蛟竜』は、雲や雨に乗って天に昇り『竜』になる」という故事になぞらえ、英雄が時運に巡り合い、才能や能力を存分に発揮するという意味で使われる。四字熟語の「蛟竜雲雨《こうりゅううんう》」の語源でもある。

まさに、善夫の一生は蛟竜雲に乗るかのごとくだった。

戦前から戦後にかけて、価値観も暮らしも180度、変わった日本。あまたの企業が生まれ、歴史の荒波の中で跡形もなく消えていった。そんな時代に、善夫は「尊い生命を大事にする」という命題に真っ向から対峙《たいじ》し、ビジネスの世界を泳ぎきった。

確固たる理念と優れた経営センスで稲井グループを拡大し、けん引した2代目 善夫は、1980年（昭和55年）、71歳で天に昇った。

●潮目を読むに長けた善孝の構造改革

1980年（昭和55年）、善孝は父の跡を継ぎ、稲井グループの3代目に就任する。この年は、善孝にとって嵐のような1年であった。

九州で取引先の大きな倒産事件が起きた。その事件を起こしたのは、古くからつき合いのある水産会社の紹介で稲井善八商店に入社した人物だった。紹介元の会社は捕鯨業からスタートしているが、そもそもその業務も稲井の捕鯨部からのれん分けしたようなもので、親子のような関係の深い企業であった。そういった会社から紹介された人物が、よりにもよって鯨肉の販売で大失敗をしたのだ。

損失額は当時の金額で3億数千万円、現在の価値で15億円にも上る莫大《ばくだい》な金額である。これには「さすがの稲井も倒産するのでは」といううわさが広まった。これは、社員一人の失敗ではない。それを承認した上司、役員、ひいては善孝の経営責任でもある。

この危機に正面から立ち向かったのは、善孝の妻 瑛子であった。当時、会合や社交の場では、「稲井も終わり」とささやかれていた。それを聞くたびに、いちいち動揺する役員やその奥方に向かって瑛子はこう言い放った。

「こういう時こそ、あなたたちがしっかりしなさい！」

瑛子の毅然《きぜん》とした態度には「目を覚まされる思いがした」と誰もが口にした。こうして皆が一丸となることで、稲井は起死回生を遂げる。

また善孝個人の出来事ではあるが、第3子で次女の資子《もとこ》に白血病が発覚し、長い闘病生活が始まった年でもあった。資子は10年もの闘病生活の末、１９９１年（平成3年）9月14日に21歳でこの世を去っている。

艱難辛苦《かんなんしんく》に見舞われるたび、善孝は亡き父が日ごろ繰り返していた言葉を思い出した。

「リスクを恐れてはならない。リスクがあるからこそ企業は発展する。企業にリスクはつきものであり、それを未然に予知し、対策を立て克服することにより、企業はより強固に、大きくなる」

善孝は己を奮い立たせる気持ちもあったのだろう。翌年から思い切った策に打って出た。

まずは、九州の騒動を終息させた稲井善八商店にメスを入れる。

当時の稲井善八商店には、サバやイワシ、タラなどを水産加工業者に卸す「水産部」、フィッシュミールや魚油、畜産飼料を卸し、一時期は食肉まで幅広く扱っていた「油脂部」、そして小売店向けの食品を扱う「食品部」の3部門があった。

稲井善八商店は一次問屋、つまりメーカーから商品を仕入れ、その後、小売店向けに商いを行う二次問屋に商品を卸すのが仕事だ。しかし、流通革命の影響もあり、このころの二次問屋は商品を買いたたく一方。そこで、卸の二次問屋向けに製造していた缶詰や調味料などの事業から撤退を決めたのだ。

折しも大手スーパーが地方に大型店舗の出店攻勢をかけてきた時代。「地方の食品卸問屋は『役割を終えた』と言わざるを得ない状況になる」と善孝は潮目を読んだのだ。

善孝は、食品商社の菱《りょう》食《しょく》株式会社との共同出資で、東北6県をカバーする稲井北洋株式会社を1981年（昭和56年）に設立すると、支店も含め食品部の社員全員を移籍させることを決定した。

食品部の売上高は60億円規模。当然、稲井グループ全体の売上高も激減する。この決断は、これまで拡大の一方であった稲井グループにとって大きな転換点となった。

次に宮城化学工業も不採算事業から撤退し、写真用ゼラチンなど高収益製品の販売に注力するよう指示。同時期、ゼライス中央研究所（現 テクニカルセンター）を設立し、開発研究の地盤を整えた。このように、グループ全体で事業の選択と集中を行い、経営を一気に健全化させたのである。

この事業のスリム化こそが、将来の大発見につながる善孝の大英断だった。

さかのぼること1960年代。世界中で捕鯨反対の声が日増しに大きくなっていった。

宮城化学工業ではこの動きを重くとらえ、いち早くゼラチンの原料をクジラから豚皮へと切り替える研究を行っていた。食生活の欧米化に合わせ、確実に起こるであろう養豚事業の興隆を想定した判断だった。宮城化学工業では、通常は廃棄してしまう豚の床《とこ》（数層からなる皮の内側の部分）を利用したゼラチン作りを開始した。

後のことになるが、2001年（平成13年）に、国内で狂牛病（BSE）が発生した際に牛由来のゼラチンが敬遠された。牛由来のゼラチンを製造する各社が大打撃を被る中、宮城化学工業はすでに複数の原料に目を向けていた。このことがリスクヘッジになったことはいうまでもない。

またゼラチン需要の拡大に伴い、早晩国内での製造は厳しくなると見た善孝の先見の明により、1980年（昭和55年）、インド有数の企業集団を経営するアンナマライ家のパイオニア・アジアグループと、合弁会社パイオニア・ミヤギ・ケミカル（現 パイオニア・ゼライス・インディア・プライベート・リミテッド）を設立する。こうして世界へ目を向けたこともまたリスクヘッジとなり、東日本大震災発生時に、ゼラチン工場の迅速な操業再開につながった。

●土地の不便さを解消する塩釜ケーブルテレビ

ここで稲井グループの4社目、塩釜ケーブルテレビ株式会社（現 宮城ケーブルテレビ株式会社）がいよいよ登場する。

きっかけは、善孝が妻の瑛子とアメリカを訪れた1980年（昭和55年）のことであった。瑛子が留学時にお世話になった家庭を訪問した際、そこで善孝は多チャンネルのケーブルテレビに出合った。

「これをいち早く日本に導入できないだろうか」

善孝が試算したところ、設備投資に莫大な費用がかかり、当時は見送らざるを得なかった。時を経て、設備価格が値下がりしたタイミングに、満を持して善孝は会社設立を決意する。

塩釜ケーブルテレビは、1990年（平成2年）に誕生した。発端は「多チャンネル放送」であるが、ケーブルテレビのメリットは、テレビ放送を安定して受信できる点にこそある。

通常のテレビ放送は電波を遠くまで飛ばし、それをアンテナで受信して視聴するが、この方式の場合、山間部などに電波が届きにくく、また、届いても安定しないなどの問題があった。しかしケーブルテレビなら、そういった場所に光ファイバーなどのケーブルを用いて有線で放送電波を確実に届けることができる。丘陵が臨海エリアにまで広がり、平坦地の少ない塩釜は、かつてテレビの映りがよい地域ではなかった。ケーブルテレビ網が発達すれば、安定してテレビ放送を家庭に届けることができる。東北エリアでも塩釜地区は人口密度が高く、ケーブルテレビ局の開局には絶好の立地だったのだ。

塩釜ケーブルテレビの開局にあたっては、稲井グループの4代目を継ぐことになる謙一が、事業の指揮を取ることになる。

第4章

多角経営・グローバル経営の本格化

1991年〜2011年

●ガス会社でIT推進に携わった4代目 謙一

この章からは私、稲井謙一が語り手となって、物語を進めていこう。

私は1964年（昭和39年）に宮城県仙台市に生を受けた。仙台一高の呼び名で知られる宮城県仙台第一高等学校に進学し、慶應義塾大学法学部を経て、1987年（昭和62年）に東京ガス株式会社に入社した。

父 善孝同様に商社に就職することも考えたが、「モノを売るだけでなく、作るところにも重きを置きたい」と、実業的な業務ができる企業として東京ガスを選んだ。……と公言しているものの、入社の決め手は、会社訪問に行った時の人事担当者が絶世の美女だったからのような気もしている。

東京ガスに入社し配属されたのは、浅草営業所だった。ここでは穴掘りから検針まで、現場の仕事を一から学び、すべてこなせるようになった。当時の浅草は今以上に江戸の下町気質――べらんめぇ口調で短気な――を色濃く残す地域だった。

当直の夜に限って、支払いが滞り、やむを得ずガスを止めた顧客から電話が来て、

「なんでガスを止めやがった！　今から日本刀を持って、お前のところに行くぞ！」

という脅しめいた訴えを何度も聞かされた。今となってはよい経験であると思える。何よりも営

業所が楽しかった。所員はみんな仲がよく、終業後は談話室に集まって宴会をした。温泉旅行にも行った。あの職場は、バブル経済へと向かって右肩上がりの時代の、元気な日本の縮図のようなところだった。

2年ほどの営業所勤務のあと、私は東京東支社に転属となった。

浅草営業所とは打って変わって、こちらはお堅い雰囲気の少し暗い職場だった。

ここで私は営業と企画を担当した。突発的にひらめくアイデアを実現すべく、行動力と若さを頼りに、新しい土地での業務に邁進《まいしん》した。アイデアの一つに、地場の工務店などと提携して、集合物件にアプローチするというものがあった。営業成績全社中最下位だった東京東支社が、私の転属後わずか3年でトップに躍り出たのは、自らの貢献も大いにあったはずだと自負している。

特に夢中になったのが業務効率の改善である。ようやくパソコンが全国の会社に普及しはじめた時代に、独学でプログラムを学び、事業所内のＩＴ化を進めたのだ。これにより異動時には21人いた企画部の人員をわずか7人にまで削減できた。しかも少人数にもかかわらず、かつてより高い生産性を打ち出せるようになっていた。

ある日、宿直をしていた私のところに労働組合の委員長がやってきた。そしてこうこぼすのだ。

「稲井君……、あんまり過激なことはやめてくれよ」

これには毅然《きぜん》とした態度を崩すことなく、堂々と胸を張り、

「少ない人数で生産性を上げる、会社のためにやっていることですよ」

と、正論で返した。委員長が「そりゃそうなんだけどさ……」となんとも困った顔をしていたことが思い出される。

私は子どものころからルールを変えるのが好きな性分なのだ。決められたルールで遊んで面白くないなら、どんどん改革していけばよい。その思いは仕事にも共通している。

1991年（平成3年）、父 善孝が一時的に体調を崩したことをきっかけに私は東京ガスを退職、宮城にUターンした。あとで知ったことだが、当時ガス事業はよりカロリー（熱量）の高い天然ガスへ原料を切り替える「熱量変更」を控えた大事な時期に差しかかっていた。

その業務を滞りなく遂行するため「ガス事業に明るい謙一を呼び戻したい」という父の思惑にはめられたようだ。

●塩釜ケーブルテレビの立ち上げ

宮城に帰った私は、自分の職歴からして順当に、まず塩釜瓦斯の開発室長に就任した。

塩釜瓦斯は塩釜ケーブルテレビの株主にあたるため、その立場でケーブルテレビ事業を統括することとなる。塩釜ケーブルテレビ開局の準備は順調に進み、その年の12月には試験電波が放送される見込みだった。

ケーブルテレビの新規営業には、東京ガス時代に培った営業テクニックが役立った。市内をブロック分けし、社員自らチラシを配り歩く。それが終わってから社内で受注整理。この作業は夜更けまで続くこともあったが、できたばかりの塩釜ケーブルテレビには若い人材が多く、社内には活力がみなぎり、夜遅くまでの仕事も夢中になって取り組んでいた。

創業当時、ケーブルテレビ自体の認知度は全国的にも低く、営業に行けばお客様には「ケーブルテレビとは何か」というところから説明しなければならなかった。有料視聴の動画配信が増えた今とは状況が異なり、当時の民放放送は無料で視聴できるのが当たり前だ。

「テレビを見るのになぜお金を払うのか?」

という質問も当然のこと。どうしても理解してもらえないお客様からは、テレビ受像機を販売している電気屋さんと勘違いされ「テレビはいらない」と追い返されることもたびたびだった。

当時の私は28歳、もう一人同い年の社員がいたが、それ以外は皆高校や大学を出たばかりの社会人のひよっこばかり。それに加え、新しい会社で新しい事業を行うとなると、目新しさから集まってくる若手の中には風変わりな者もいた。私は毎日の顧客契約に並行して、社員教育にも骨を折らねばならなかった。

ケーブルテレビの仕組みすら理解していないような、知識不足の若者集団であった塩釜ケーブルテレビにとって、よき兄貴分となってくれたのが塩釜瓦斯の社員である。日ごろからお客様とのつながりを大切にしていた塩釜瓦斯への絶大な信頼により、ガス契約者の多くがついでにケーブルテレビにも加入してくれたのだ。契約戸数は、放送開始前にもかかわらず2000軒にものぼっていた。

この結果を踏まえ、塩釜ケーブルテレビの営業社員は、塩釜瓦斯の営業部にも籍を置かせることにした。塩釜を地盤にするインフラ企業2社がつながりを深めれば、営業ノウハウが自然と共有されるだろうというもくろみもあったが、それ以上に稲井グループのDNAが、塩釜瓦斯の社員を通じて塩釜ケーブルテレビの若手に伝播してほしいと考えたのだ。

塩釜瓦斯という頼もしい先輩の背中を間近に見ながら塩釜ケーブルテレビの社員は学び、やがて自分たちなりの営業スタイルを生み出していった。テレビは当然、家の中にある。必然的にお客様のご自宅に上がり込んでの作業が多い。塩釜ケーブルテレビの社員は「会社同様に、個人の信頼も重要視される仕事なのだ」と気づいてくれた。当時、若手だった社員は、管理職になった今でもお客様からの指名があれば、現場に駆けつけることをいとわない。

なお、塩釜ケーブルテレビ開業の翌年、1991年（平成3年）には、ケーブルテレビの設置工事やメンテナンスを行うメディアテック株式会社を設立している。これは普及しつづけるケーブルテレビの設置工事において、お客様をお待たせすることなく迅速な作業を行える体制を強化するためだった。よって、サービス提供全域の工事が終わったタイミングで同社は解散している。メディアテックの社員は塩釜ケーブルテレビの技術部に移籍させ、以後は塩釜ケーブルテレビの看板を背負って、工事やメンテナンスの業務に引き続き携わっている。

塩釜ケーブルテレビは、海（marine）に面した塩釜の地から、人や街をネットワークでつなぐという思いを込めて「マリネット」という愛称がつけられた。創業当時からずっと変わらず、この愛称で親しまれている。

●新人経営者からの脱却

ビジネスマンとしてキャリアを積んできた私ではあるが、経営者としてはまだまだ新人だった。創業者一族に生まれたら、経営者としてのノウハウも生まれながらに身についていれば苦労もしないのだが。

特につらかったのが、ちょうど塩釜ケーブルテレビが立ち上がったばかりのころである。新人教育、新規開拓、それに加えて毎日湯水のようにお金が出ていく。目減りしていくキャッシュフローを見ていると、自分の血肉が削られるような恐怖に襲われ、眠れないことすらあった。

——このままではダメだ。これから一生、こんな状態が続いたら体がもたない。

人にも言えず、ずっと悩んでいた。

だがそんなある日、天からの啓示があったかのように、急に思い至った。

「そうか！　最悪の事態を想定しておく。それに向けて現状から引き算するんだ」

達観に至ったロジックはこうだ。

まずは想定しうる最悪のシナリオを思い浮かべる。無論、それは会社の倒産である。しかしその事態に陥る前に、立て直しの手立てはいくらでもあるはずだ。まずは部門を切り出して事業譲渡し、会社の立て直しを図る方法がある。黒字部門だけ残してスリム化すれば会社経営は楽になるだろう。逆に、一番買い手がつきやすい部門を売却することで、資金難を乗り越えていくことだってできるはずだ。それで対処できないなら、会社ごと売却する。私自身は経営権を失うが会社は存続でき、ある程度の従業員は雇用が守られるはずだ。それでもダメなら、その時にいよいよ覚悟すればよい。備えることは大事だが、お金が動くたびに一喜一憂し、大きなお金を動かす際におびえているようでは、経営者としてはおろかビジネスマンとしても失格だ。時には赤字覚悟で会社経営に必要不可欠な未来への投資――投機という意味ではなく、設備や人材教育などに対する投資――を行わなければ、企業の成長もないだろう。

そう思考を巡らせると、私は「お金は、結局はただの数字」と割り切れるようになった。

「もし今、会社を売却することになり、その時に社員は引き取ってもらえないような事態になったとしても、数年間、社員を養える蓄えさえ用意しておけばよい」

そんな境地に達すると、いつでも売却できるような「魅力的な会社」にしつづけるという決意も不思議と湧いた。

思えばこう思い至った時が、私が経営者たらんとする真の覚悟ができた瞬間であったかもしれない。経営者の基本であり、同時に何よりも大事なのは「会社のすべてを自分が背負う」という腹の底から湧き出る強い覚悟だからだ。

そんなふうに腹をくくったのと時を同じくして、塩釜瓦斯の営業部員の協力もあり、塩釜ケーブルテレビの業績が次第に上向きになった。結果的に、加入者は初年度（1992年）で塩釜市の全世帯の20％に達した。

その後4年目（1996年）で単年度黒字となり、11年目（2000年）には累積損失をすべて完済。塩釜ケーブルテレビはインターネットの普及と共にケーブルテレビのシステムを利用したインターネット回線のサービス提供を行うなど、ケーブルテレビと通信業を組み合わせ、時流に乗って事業を拡大している。

塩釜ケーブルテレビが順調に立ち上がったおかげで、私は1995年（平成7年）から取り組みはじめていた塩釜瓦斯の熱量変更作業に本腰を入れることになる。

●安心安全の天然ガスへ転換

熱量変更を非常に簡単に説明すると、多種類存在するガスの燃料を天然ガスに統一し、規格をそろえる作業だ。熱量変更は安全面等でのメリットが大きく、国策的にも推進されていたため、本来であれば東北地域のガス会社が一丸となって進めるべきものだった。しかし設備投資に多大な費用がかかるうえ、「天然ガスに統一したら、大手ガス供給会社に乗っ取られるのでは……」という各社の懸念から、なかなかまとまらなかったのだ。

熱量変更に伴う設備投資額は塩釜瓦斯でも年間売上額を超えるほどであったが、私は仙台市ガス局、盛岡ガス株式会社が立ち上げた東北熱変推進委員会に初期段階から参加し、率先してこれに取り組むことに決めた。

この作業は、単に「ガスの種類を変える」という話ではない。そこには、従来からある大型設備、家庭用機器のすべてを天然ガス仕様に調整し直す大変な労力が伴う。ただ、見方を変えれば、国全体のガス設備の総点検を行うことができるため、国民にとって有益な作業ともとれた。

塩釜瓦斯では、自社の熱量変更を終えると、すぐ東北地域の各ガス会社の応援に社員を送り込んだ。その期間は社員の頭数が減ってしまうため、会社の運営としては少々つらい面があったのも事実である。

だが、他社の作業を手伝って帰ってきた社員はひと回りもふた回りも大きくなっていた。少し離れていただけなのに、誰もが精悍《せいかん》な顔つきで戻ってくる。熱量変更の作業が塩釜瓦斯にもたらした変化には感謝せずにいられない。

東北地域すべての熱量変更が完了したのは2008年（平成20年）。結果的に、委員会が立ち上がってから15年もかかる大事業となったが、この熱量変更こそが東日本大震災の復興の時に大きな力となった。

●宮城化学工業株式会社が七十七ビジネス大賞を受賞

一方、宮城化学工業も大きな飛躍の時を迎えていた。

それは稲井グループの大躍進につながる「コラーゲン・トリペプチド」の発見であるが、詳しくは『ゼライスのキセキ』に著したため、そちらを参照いただきたい。この発見だけで1冊の書籍になるような出来事だった。


1998年（平成10年）、コラーゲン・トリペプチドの発見につながる結果を生んだ、医薬用ゼラチン「フリアラジン®」の開発が評価された宮城化学工業は、公益財団法人七十七《しちじゅうしち》ビジネス振興財団より「七十七ビジネス大賞」を授与された。宮城県の産業・経済の活性化に貢献したと認められたのだ。

そして1999年（平成11年）9月には、化粧品用コラーゲン・トリペプチドの製品化に成功した。また、健康食品としてコラーゲン・トリペプチドを摂取すれば、肌は美しく保たれ、骨や腱は丈夫になり、関節は正常化し、動脈硬化を予防、つまりは血管の若返りまでもが期待できるのだ。詳しい理論の解説は『ゼライスのキセキ』に譲るが、いにしえの時代から人類が追い求めてきた「若々しく、美しくありたい」という願いをかなえてくれる夢のような製品だ。これには製薬会社、化粧品会社、健康食品メーカーなどから次々と注文が舞い込み、現在150を超える企業と取引を成立させている。

少しだけ、ゼラチンやコラーゲンの未来の話もしておこう。

近年、歯槽骨《しそうこつ》や歯肉の形成と強化に効果を発揮することが明らかになったコラーゲン・トリペプチドは、歯科医やインプラント医からも大きな期待を寄せられている。2019年（令和元年）には、コラーゲンから環状ジペプチドを製造する技術の特許を取得した。ゼラチン由来の環状ジペプチドの一つである「シクロGP」は、抗健忘症効果など認知機能の改善効果がある「ブレインフーズ」として注目されている。再生医療にも利用可能なハイグレード医療用ゼラチン「RMゼラチン®」は、複数の大学の医学部などとの共同研究によって、骨の再生や臓器再生、さらにはガン治療への有効性などを検証し、症例を重ね、実用化も視野に入った。そのほかに、石油由来のプラスチックによる環境汚染が深刻化する中、分解され自然に還る生分解性プラスチックが注目されているが、この原料にゼラチンを使う研究も進んでいる。

これらのすばらしい製品の効果が1日も早く立証され、世に出ることを私は待ち望んでいる。それは経営者として「ヒット商品を送り出したい」という以上に、一人の人間としての願いだ。多くの人を助けることができ、自然や地球を守ることにもつながるこれらの製品は、生きとし生けるものすべてが、健康で幸せに暮らせるようになる環境作りに大きく寄与すると信じている。

「生命を使い切る」

この使命感でクジラの頭からゼラチンを作り出し、食用はもちろん工業用・医療用と幅広いニーズに応えてきた宮城化学工業は、名実共に稲井グループの中核を成す企業へと成長したのだ。

●グローバル社会の到来と共に訪れた転換期

1997年（平成9年）のことである。宮城化学工業の非常勤理事であった私は、現常務取締役の小林隆と共に、ヨーロッパの写真学会に向かった（ゼラチンは写真フィルムには欠かせない原料である）。

学会の出席に合わせて、世界最大のゼラチンメーカーRousselot《ルスロ》社（フランス）の工場にも足を運んだ。大規模かつ最先端のシステムを備えた工場を目の当たりにした私は、世界の広さや大きさにあらためて衝撃を受けた。

そしてそれと同じくらい気になったのが製造原価である。夜の宴席で和んだあとのタイミングで、ルスロの担当者に思い切って製造原価について尋ねると、担当者が口を割った。

その金額は、当時の宮城化学工業の製造原価の3分の1ほどだった。

表向きは平静を装ったが、内心は動揺でいっぱいになった。国内産業保護のため、ゼラチンには17％の高い関税がかけられているのだが、もし海外のゼラチンメーカーが本格的に日本市場に参入してきたら、今聞いた原価では到底太刀打ちできない。多大な危機感を抱いた私は、製造コストを下げるため、さっそくゼラチンの海外生産の検討に入った。

●新規事業か、事業継承か

1998年（平成10年）の春ごろ。通常業務の傍ら、私は新規事業を模索していた。後述するが、これは「一代一事業」という、経営者としての稲井家の家訓を意識したものだった。

情報収集を兼ねて、私は友人の長谷川博和氏と旧交を温めていた。長谷川氏は早稲田大学ビジネススクールの教授であるが、当時は日本のベンチャーキャピタリストの草分けとしてスカイマークエアラインズなどに出資し、経営に参画していた。

その長谷川氏から、私の人生を大きく変えるひと言が出た。

「新規事業もいいけど、稲井さん、相続対策は大丈夫？」

相続については漠然と頭の中で考えていたが、それまで本格的に調べたことはなかった。さっそく父 善孝と相談し、長谷川氏の紹介で公認会計士の樫谷隆夫先生に調査を依頼した。半年ほどの時間を費やして、その結果が来た。

正直に言えば、出てきたのはとんでもなく恐ろしい数字だ。

父に今、万が一のことがあれば、巨額の相続税が課されてしまうのだ。父には長生きしてもらうしかない。

かつて、父が祖父 善夫に相続の話をしたことがあったそうだ。その時の祖父は、

「俺を殺す気か！」

と怒り、取りつく島もなかったという。現に祖父は相続対策をまったく行わず、さらに祖母が祖父よりも先に亡くなっていたため、父に降りかかった相続税はとてつもない金額だった。

その納税に心血を注がねばならなかった父は相当にエネルギーを消耗した。それが結果的に、会社の体力をも奪うことにもなったと後に述懐していた。相続対策の重要性を知っていた父は、相続の話を持ち出しても、もちろん怒り出すようなことはなかった。


ここで、相続と事業継承について解説したい。

2023年（令和5年）時点の情報ではあるが、法定相続の場合、10％から始まる相続税の税率は、相続金額に応じて徐々に高くなり、6億円を超えると最高の55％となる。つまり相続した額の半分以上の資産を相続税として納めなければならない計算になる。相続したといっても、その金額がまるまる現金ですぐに懐に入るわけではないのに、税金は原則として一括納付しなければならないのだ。現金が手元にあればよいが、そうでない場合、取るべき手段は単純に考えて二つだろう。

・会社をある程度売却して現金化する
・銀行から多額の借金をする

加えて相続税は、亡くなったことを相続者が知った翌日から10か月以内の納付が義務づけられている。これに間に合わせようと慌てて不動産を現金化し、足元を見られて買いたたかれたとか、一時的に借り入れをしたことにより、会社の資金繰りが悪くなったというトラブルは実によく聞く話だ。

もしも相続のタイミングで自社の株価が高かった場合、当然、納税額も高くなる。株価の高さは会社の業績が好調である証しであるが、相続に絡むと喜んでばかりはいられない。創業者一族にとって、会社の高評価は多大な相続税となって降りかかってくる。

●時代に取り残された宮城化学工業

そんな相続の不安を抱えながらも、私は1999年（平成11年）ごろから宮城化学工業でも常勤を始めた。「フリアラジン®」の開発で勢いづく宮城化学工業の業績は安定しており、世間的には文句なしの優良企業と思われていただろう。

しかし、他社でビジネスをしてきた私から見た社内事情は、あまりにもひどい状態だった。当時のメモをここに載せる。

1. ビジネスモデルが10年、20年前のものになっている
2. 情報化が愕然《がくぜん》とするほど遅れている
3. 次世代の管理職、特に営業系の人材が育っていない
4. 海外品に価格的に対抗していけるだろうか

当時、宮城化学工業の役員の多くは60代後半から70代を迎えていた。21世紀を目前にした2000年（平成12年）には、社長の善孝も還暦をとうに過ぎた65歳となる。幹部陣は皆大学を卒業後すぐに宮城化学工業に入社し、長年、会社の発展に尽くしてくれた敬うべき大先輩ではあるが、環境が大きく変わってしまった。研究者が「PowerPoint《パワーポイント》をプレゼンテーション用に購入してほしい」と希望しても、経営陣はそのソフトの名前すら聞いたことがないという状況だ。パソコンの普及はもちろん、情報テクノロジーの躍進で世界はかつてないほどに狭くなっている。社会全体でデジタル化が進んでいくのも目に見えている。

東京ガスをはじめ、塩釜瓦斯でも、塩釜ケーブルテレビでも、私はIT化を推進してきた。なぜ、同じグループ会社の一番の稼ぎ頭である宮城化学工業が、こうもアナログなのか。1941年（昭和16年）に建てられた社屋に閉じ込められて、会社に流れる時間まで止まっているかのよ

うだった。

ビジネスのスピードは年々加速度を増し、もはや「遠回りに見えても、地道に正しいビジネスを行っていれば、必ず結果はついてくる」という余裕のある構えは過去のものだ。

――一歩先んじて挑戦を続けていない企業は、取り残されてしまう。

その恐怖感、危機感と共に、私はある言葉を思い浮かべていた。

「事業の進歩発達に最も害するものは、青年の過失でなく、老人の跋扈《ばっこ》である」

明治の実業家で、第2代住友総理事を務めた伊庭貞剛《いばていごう》の言葉だ。

伊庭は経営の近代化を進め、グループの基礎を築くと、こう言い残して早々に引退し、若手にビジネスの舵取りを委ねている。口汚い表現ではあるが、「老害」などといって年功序列が組織の成長を阻害すると問題視されるのは、2010年代も後半になってようやくのことだ。伊庭の先見性には目を見張るものがある。私自身、この時期に社内体質について目を向けておいてよかったと感じている。

かつての稲井グループは、稲井家の敷地内に寮があった。私が生まれたころには、稲井家は別の場所に転居していたが、それでも幼いころから家族同然で私の成長に目を細めてくれていた優しい大人たちが、今の幹部陣でもある。しかしそこに遠慮してしまっては、若い世代の芽を摘むことになり、会社の末永い成長は見込めない。長い伝統に押しつぶされて情に流されるような後継者は、年長者に対して「ＮＯ」を突きつけることができないかもしれない。それはある意味、人にとってかけがえのない優しい真心であるだろう。それを否定はしたくない。しかし、ビジネスの舵取りだけは、感情に流されてはいけない。

高齢化した幹部たちの処遇を頭の片隅に置きつつ、それ以上に急ぎ着手すべきこともあった。それは、宮城化学工業の海外進出である。社内のことは多少無理をすれば、あとからでもなんとかできるが、対外的なこと、特に世界に打って出るような決断は、タイミングを見誤ると最後、取り返しがつかない。時間も労力もかかり、かつ時機に大きく左右される大問題だ。

宮城化学工業の海外進出を加速させるなら「今しかない」と私は動き出した。

これには、国際部部長（当時）の山田孝の尽力があった。造船会社のロンドン支社での勤務経験があり、英語が堪能であった山田とは、とある会合で出会った。卓越した国際感覚や折衝力にほれ込んだ私がスカウトし、２００２年（平成14年）に宮城化学工業に入社してもらっていた。

●ゼライス株式会社の誕生

２００３年（平成15年）、家庭用高級ゼラチンパウダー「ゼライス」の発売から50周年を迎えた。これを機に、宮城化学工業株式会社は「ゼライス株式会社」に社名を変更することにした。

実は、現場の社員から、

「宮城化学工業だと、何を製造している会社なのかわかりにくいのが歯がゆい。せっかく誰もが知る『ゼライス』を製造しているのに、会社の説明だけで貴重な営業の時間を費やしてしまう」

という無念の声をたびたび耳にしていたのだ。

うそのような笑い話なのだが、自衛隊の駐屯地に業務用のゼリーの素を納品しようとした際、段ボール側面に大きく書かれた「宮城化学工業」の文字を見とがめた受付から「何かしらの薬品を運び込もうとしているのではないか」と疑われ、中身をあらためられるという目に遭った社員もいるのだ。

ほかにも、本社から遠く離れた東京や大阪の社員から、

「誰の家にでもある『ゼライス』を作っているのに、宮城の小さなご当地企業程度に思われているのがなんともいえず悔しい」

と、憤慨する思いがあったともあとから聞いた。これは台所を守ることの多い女性社員から、特に意見が強く出たとも記憶している。創業の地を誇りにすることは大事だ。そもそも、ほかでもない宮城の地にあったからこそ、クジラの有効活用からゼライスが生まれたのだから。この先もずっと「宮城化学工業株式会社」の名前でいくのがビジネス上の正答なのか、私にとっても迷いどころだった。世界で勝負する企業になるためには、少なくとも英語圏で伝わりやすい社名のほうが有利だろう。

社名変更は、祖父の善夫が社長の代にも検討していたことだったが、父 善孝を筆頭に、社内

の大反対に遭い、かなわなかったらしい。それがようやくこの時代になって、「会社の認知度向上と、今後の躍進のためには、看板商品の『ゼライス』の名を冠する社名がふさわしい」

と、納得してもらうことができた。それでも当初、この社名変更に賛同してくれた幹部陣は、現場をよく知る営業部取締役の関俊彦だけだったことはここに残しておこう。

余談ではあるが、相続の話に激高した祖父 善夫が社名変更には肯定的であり、一方、相続対策に協力的な父 善孝が社名変更には断固反対の立場をとったというのは、経営者の個性が出ていて面白いものだなと思う。長く続く企業は、経営者個人の考えや思想だけで動かすのは難しい。大事なのは、社会情勢を見据えつつも、どの伝統を残していくのかの取捨選択だろう。

このことはこの先もずっと、肝に銘じておきたい。

●海外進出の苦労

「ゼライス」に看板をかけ替え、世界に打って出る準備は整った。

まず、私が目をつけたのはインドだ。

インドで有数の財閥を形成するアンナマライ家のパイオニア・グループは、かつて父が合弁会社パイオニア・ミヤギ・ケミカル・プライベート・リミテッドを設立し、すでに信頼関係が築かれている。後述するが、実はアンナマライ氏と私はかつて一緒にビジネスを起こし、そして失敗した戦友でもある。その関係を強化することで、2007年（平成19年）に、インドでゼラチン製造を開始できる運びとなった。

次に中国の山東省で、大手家具・レザーメーカーの宝恩グループと交渉の末、淄博《しはく》ゼライス生《せい》吻《ぶつ》科技有限公司（現 ゼライスチャイナ）を2004年（平成16年）に設立できた。

そして2007年（平成19年）のこと。

台湾の大手企業である台湾セメントの化学生産部門、中国合成橡膠《ゴムこふん》股份有限公司（CSRC）が、ゼラチン部門を売り出したと聞きつけた。絶好のチャンスとばかり、私は買収を取締役会に提案した。

しかし、ゼライス社の社名変更の時と同様に、善孝をはじめ役員たちの賛同を得ることはできなかった。

その理由は、

「台湾セメントのゼラチン部門は健全経営。それを売りに出すのは、何か裏があるに違いない」

という臆病な推測だった。

諦めきれない私は、所有していた個人会社「稲井ホールディングス」から5億円の資金を調達する手段に出た。

さてこの稲井ホールディングスは、ちょっとした「負」の出来事が絡んだ会社だ。少し前に、インドのアンナマライ氏と「これからはソフトウェア開発こそ重要だ」と意気込み、ＩＴ事業に手を出したことがあった。

この事業は、ソフト開発をインドで、営業・販売を日本で行うというものだった。今やＩＴ先進国として知られるインドに開発部門を置くという、現代情報テクノロジー業界の見本のような存在になるはずだったのだが、当時の情勢によりクローズするしかなかった。これに関しては残念ながら、時代を読むのが早すぎたのだと反省するしかない。

その際に残っていた累積債務を引き受けるために興したのが個人会社の稲井ホールディングスだ。一見すれば「負」に思えるものでも、使い方次第でプラスにできるチャンスが巡ってくる。

個人会社からの出資とはいえ、「さすがに父の同意を得ずにコトを進めるのはうまくない」と思案していた矢先、よいタイミングで父が宮城県経営者協会の視察で上海を訪れることになった。動く者に運は流れてくるのだ。私は父のあとをすぐに追い、ＣＳＲＣの社長であるDr.ウーと父を引き合わせようと画策した。本音を言うと勝算はまったくなく、単なる賭けだった。ただ予感はあった。戦後の激しく移り変わった経営の世界を生き抜いてきたDr.ウーと、父は意気投合するだろうと。

結果は大当たりだった。

CSRCの買収を父に了承させることができたのだ。

買収額は用意していた5億円をはるかに超え20億円となったため、レバレッジド・バイアウト（買収先資産を担保にした借り入れにより資金を調達する）案件となった。しかしこの金額は、工場というモノに対してではなく、社長をはじめとした、現地の優秀なスタッフのために支払ったと私は考えている。

この出来事が日本経済新聞東北版に私の顔写真入りで掲載されたのは、ちょっとした自慢だ。しかも、稲井ホールディングスが投資した5億円は、わずか4年で回収できた。

この台湾での一連の買収劇で、父が私の実力を認めてくれたように思う。この時期から「あいつのほうが俺より優秀かもしれない」「あいつに任せておけば大丈夫だ」と周囲に話すようになったと、あとからみんなが教えてくれた。

２００７年（平成19年）に稲井ホールディングスは、ゼライス社に吸収合併され、台湾工場は名実共にゼライスの子会社となった。ゼライス台湾となった同社は「ゼライス社が今後、世界と勝負するための重要拠点となる」という私の読みが大当たりし、同社を手に入れたことによりヨーロッパに引けをとらないほどゼラチンの製造コストを下げることができた。ルスロ社からかつて聞き出した製造原価と勝負が十分できるようになったのだ。

台湾工場は、世界戦略の中核に成長した。さらにこの台湾工場があったおかげで、東日本大震災後に遭遇することになる、ある大きなトラブルを乗り越えることもできた。

早め早めに手を打っておいたことで、すべてうまくいった好例だ。

台湾工場は、ゼライス全工場の中でも特に生産性と省エネ性に優れ、台湾政府から表彰されたほどだ。台湾の人々が親日的で紳士的であったことも、台湾工場の成功に寄与している。これには常々感謝している。

こうしてあらためて俯瞰《ふかん》してみると、順風満帆に世界の海へとこぎ出したかに見えるが、正直に言おう。成功事例ばかりではない。

まず、中国で失敗した。

ゼライスチャイナ設立の前に、私と当時国際部部長の山田は標高2500メートルというチベット近くの青海省《せいかい》まで買収交渉に行ったことがある。空港から車でさらに数時間かかる奥地であったが、牛皮の原料供給元として有望だったからだ。懇親の席では、先方の幹部が入れ代わり立ち代わり次々と酒を注ぎ、「飲めない奴とは交渉できない」と言うのだ。酒には強いと自負する私も、これほどまでに飲んだことはないというほど飲まされた。それでも結局諸条件で折り合いがつかず、この交渉はお流れになった。酒で解決できることには限界がある。

また、アメリカの某ゼラチンメーカーが所有していた当時世界最大のゼラチン工場が売りに出され、これを手に入れるべく２００３年（平成15年）に買収チームを立ち上げている。ライバルとなったのは世界第３位のゼラチンメーカー、ベルギーのＰＢゼラチンだ。

我々は買収先の顧問法律事務所のあったフィラデルフィアまで出向き、６時間にも及ぶ意見交換を行った。さらに応札の前日にもそこに出向き、簿外債務がどのくらいあるのかを把握すべく情報収集にあたった。

結果的に、落札額でＰＢ社に負けてしまった。今思い出しても悔しい。

しかし１００億円近いＭ＆Ａを行おうとしたこと、そしてアメリカの弁護士ドラマそのままに高級スーツを着込み、口八丁手八丁で仕掛けてくる敏腕弁護士と、喧々囂々《けんけんごうごう》渡り合った交渉は、エキサイティングな体験であった。山田と私に大いなる度胸をつけさせてくれた出来事だった。

失敗したとしても、その挑戦にはいつも必ず宝が隠れている。その宝を見つけだせるかどうかで、人の器の大きさは変わるに違いない。できるだけ大きな器になれるように、常に目は皿のようにしておきたい。

●ヨーロッパ進出は、世界への足がかり

世界進出の過程でどうしても足がかりを得たかったのがヨーロッパだった。

ヨーロッパは食用ゼラチンの発祥地だ。原料も潤沢で、当地に工場があればより鮮度の高い原

料を使うことができる。２００９年（平成21年）、いよいよそのヨーロッパへの進出が決まった。目をつけたのは、オランダの中堅ゼラチンメーカーのECONTIS《エコンティス》社だ。同社の買収に、さっそく名乗りをあげた。

この買収交渉には面白いエピソードがある。入札の際、中学生になって最初の試験で51番という不名誉な結果をたたきだしてしまった悔しい思い出が急によみがえり、それにひっかけて「～51万ユーロ」という端数を提示したのだ。結果は、次点の企業との差はわずか2万ユーロで落札に成功した。社運を賭けたビッグビジネスにもかかわらず、青春時代の悔しさを盛り込んだ私のひらめきに、幸運の女神が思わずほほえんでくれたに違いない。

かくしてゼライスヨーロッパが誕生した。これによりゼライスのヨーロッパ市場での認知度が向上し、価格競争に太刀打ちできるどころか、ヨーロッパ勢が脅威と感じるレベルにまで到達することができた。強大なヨーロッパ市場にくさびを打ち込むことに成功したのだ。ゼライス社の世界生産量は1万トンを超える運びとなり、世界第6位のゼラチンメーカーとなった。

ゼライス社は、２００７年から２００９年までのわずか3年の間に、インド、台湾、中国、オランダと４つの国と地域への進出を果たした。

当初は原料の輸送や環境問題、地理的なリスクヘッジ、そしてクロスコンタミネーション（複数原料を扱う場合に起こる、原料同士の汚染）防止の観点から、ゼライスは各拠点で「一工場一原料」を原則に稼働していた。しかし現在では、各拠点における厳格な管理の下で、複数の原料を取り扱う体制を敷くことができるようになった。前工程（原料の下処理工程）を原料の調達がしやすい海外現地に置き、国内では後工程（ゼラチン製品製造工程）だけを行うことで、各国各地で産業廃棄物の排出を極小レベルにまで抑え込んでいる。

ところでインドといえば、牛を神聖視するヒンドゥー教徒が多いことで有名であるが、そんなインドで「ゼラチンの原料が牛骨であることに問題はないのか?」と気になる方も多いだろう。ヒンドゥー教では、通常の牛と水牛は別物と考えられており、事実、インド国内でも水牛は家畜化され、その肉も消費されている。インドのゼラチン原料は、この水牛を用いている。

●試される経営者の手腕

2005年（平成17年）、私は稲井善八商店に次いで、ゼライス社の社長に就任した。まず社長として、稲井善八商店の社内財務の健全化に力を入れた。

不採算となっている水産事業の不明瞭部分を洗い出していたところ、財務改革の右腕となって帳簿調査をしていた常務（当時）の八木智が疑問の声をあげた。

「稲井善八商店から株式会社アイテムに、毎月、貸し付けがある？　これは一体なんでしょう」

株式会社アイテムは、地元企業の株式会社Kと株式会社T、それに稲井善八商店の経営陣の一人が出資して作った会社である。

1998年（平成10年）に、塩釜港旅客ターミナル、通称「マリンゲート塩釜」ができた際、その向かいにあったK商店の敷地の一角に、アイテム社が「塩釜大漁横丁」という飲食店街を開いた。

マリンゲート塩釜は、魅力ある港湾空間の形成を目的とした「塩釜港ポートルネッサンス21計画」によって企画され、海や港と共に発展する観光拠点や市民の憩いの場となることを目指して作られた。地元の企業人として、新しい町のシンボルに参画したいという思いには共感できる。

塩釜大漁横丁では塩釜港で水揚げされた魚が売られ、オープン当初はリーズナブルでおいしい食事が楽しめると評判を呼んだ。しかしこういった観光施設の難しいところであろう、月日と共に飽きられてしまい、結果的に塩釜大漁横丁は失敗した。

アイテム社は魚の卸先というだけで、基本的には稲井善八商店とは無関係の会社であるが、詳しく調べてみると、アイテム社への毎月の貸し付けが北日本銀行への返済の原資にされていることがわかった。

私は社長命令を出し、すぐさまアイテム社への貸し付けを止めさせたが、それによってアイテム社は銀行への返済ができなくなってしまった。

北日本銀行と話し合いの結果、稲井善八商店は借金返済まで毎月100万円近い額を肩代わりすることが決まった。出資の3者にも返済金は割り当てられたものの、稲井善八商店からアイテム社への貸し付け分の回収見込みはない。そこでその代替として、アイテム社の土地と建物を稲井善八商店にもらい受けることにした。

さらに、業者向け卸兼直売店「イナゼン」にも問題が発覚した。これは当該の経営陣の一人がその経営を見ており、彼がアイテム社問題にかかりきりになっている間に、水産加工業を営む三協食品株式会社からの債権回収がおろそかになったことが原因だ。

三協食品とは受取手形で取引を行っていたのだが、ジャンプ（期日決済が間に合わず、支払いを伸ばすこと）の申請が何度もあった。最初こそこれに応じていたが、結局支払いが滞り、最終的には3億円ほどの金額にも膨れあがっていたのだ。

債権の焦げつきを防ぐため、当該の経営陣と共に、稲井善八商店からは経理部長や営業部長が三協食品に入り込んで経営や販売の立て直しを試みた。この立て直しに父 善孝も加わっている。父は三協食品を取り込むことで商圏の拡大を見据えていた節があった。しかし、不透明な経理処理などが見つかり、健闘むなしく稲井善八商店は債権者としての権利を行使せざるを得なくなって、三協食品を閉鎖した。

この責任を取って、稲井善八商店の役員は総入れ替えとなり、三協食品は社員を含め稲井の特販部に転換となった。特販部はその後、数千万円の売上高を確保しながら２０１１年（平成23年）の12月まで営業を続け、最終的に塩釜の三波食品グループにその土地と建物を売却している。

東日本大震災があったことで「三協食品を取り込むことで商圏拡大を目指す」という父の思惑通りに進むことはなかったが、結果的に三協食品の従業員を路頭に迷わせることも、その取引先に迷惑をかけることもなく、なんとかこの問題に幕が引かれた。震災が起こらなければ「あるいは」という面はあるが、それは考えても意味がない。

かつて父は、流通革命の時代の流れを見越して、稲井善八商店の食品部を別会社に移籍転換させたことがあった。その時同様に、今回の引き際の判断も見事だった。これは、内外に父が経営者として称賛される部分でもある。

一方の私はどんな経営者として、周りから見られているのだろうか。

私自身は改革者たらんという心構えがあるが、人からは「先見性があるというか、一見『負』に見える出来事を、別の新しいエネルギーに転換する才覚がある」と言われたことがある。

人からの高評価を受け入れるのは難しいものもあるが、振り返ってみると、過去に思いあたることはいくつかあった。この一連の騒動でアイテム社から仕方なしに引き受けた土地も、東日本大震災後の再開発で重要な役割を担ってくれたのだ。

●幻の株式公開

海外進出と同時進行で、国内工場の移転計画も進めていた。

仙台若林工場は、近隣住民が増加したことによって工場の排気や排水、騒音問題が生じていたことに加え、今後、敷地を拡大したくても限りがあり、移転の必要性に迫られていた。また、海外進出路線に踏み出すきっかけとなったルスロ社工場見学の日から、大規模かつ最先端設備を有する工場の設立は、ほかならぬ私の悲願だった。

ひと言で「工場移転」と言っても、やるべきことは山ほどある。

①新工場建設にあたり、現従業員が通える範囲内で移転先の土地を購入
②後工程（ゼラチン製品製造）用のゼラチン工場を建設
③今後需要が高まるであろうコラーゲン工場の建設
④本社事務所、研究所、検査分析センター、パワープラント、倉庫の建設
⑤前工程（原料の下処理）用ゼラチン工場建設（↓インド、台湾、中国、オランダに建設済み）
⑥移転後工場跡地（仙台若林）の再開発

これらを完璧に遂行するには膨大な費用がかかることは一目瞭然であるが、どうやってそれを捻出するのかが大問題だ。ゼライス社が未来に向かって発展を続けるために、工場移転はどうしても必要なことだ。私は父である社長の善孝と相談し、次のどちらかの方法を取ることに決めた。

・銀行に融資を頼む
・株式を公開する

これだけの大規模プロジェクトである。さすがに銀行から融資を受けるのは難しいと考え、一度は株式公開に舵を切ろうとした。しかし、仙台の地銀である七十七銀行が全額融資を決めてくれたのだ。これにはさすがに驚嘆した。

――うちの会社は、なんという信用力があるのだろう。

そして次の瞬間、こう思いあらためた。

――この信頼は自分や父だけの力で得たものではない、祖父、曽祖父、そして稲井に関わった大先輩たちが築いてくれた有形無形の力なのだ。

稲井グループが紡いできた歴史の重さと、それを今後つないでいく自身の使命を、あらためて胸に強く刻み込んだ瞬間だった。

ちょうど私がゼライス社の副社長に就任した2003年（平成15年）から、多賀城近くの仙台港工場地域に新工場の建設をスタートさせた。

多賀城は8世紀から11世紀の中ごろにかけて、陸奥国衙《こくが》（国の中心の役所が置かれた場所）として城（多賀城）が置かれたことからその名がついた。その後、東北最大の都として、政治・文化・軍事の中心地として繁栄してきた。第二次大戦中、多賀城には東北唯一の軍事工場「多賀城海軍工廠《こうしょう》」が置かれ、戦後は港に届いた物資を運ぶ東北最大の物流拠点として発展してきた。

新工場建設地は、この立地を存分に活用でき、また近隣住民の居住エリアと産業エリアが明確に区分されている点でも安心である。工場の操業地としてもってこいの場所であった。

●事業の効率化が生む余剰人員

2005年（平成17年）、稲井善八商店は創業100周年を迎えた。

これを機に、社名を株式会社稲井に変え、本社事業部もゼライス社の工場敷地内にある多賀城のオフィスに移転した。

ゼライス社の工場移転は、その4年後、2009年（平成21年）に完了した。

新工場は「ゼライス仙台港工場」と名づけられ、敷地面積は約5万5300平方メートル（1万6700坪）と、旧仙台若林工場よりも20%ほど広くなり、コラーゲン工場も新設できた。

ここでは、海外工場から届く前処理を終えたゼラチンを製品に加工して仕上げる最終工程を担う。増産体制もかない、地元へのいわゆる「工場公害」も減らせるとよいことばかりのようにも見えたが、最新鋭の設備を投入し、前工程が海外へ移転したため、それまで約200名で操業していた工場が、わずか90名で稼働できるようになってしまった。まるでかつて、東京ガスで行った業務改善のようだ。

——110名の余剰人員をどうするか。

効率化は絶対に必要だ。しかしだからといって、それまで日々尽くしてくれた社員から、むやみに仕事を奪うような企業であってはならない。この一連のプロジェクトの中で、人員調整について考えることは私にとって最も気が重く、心が痛むつらい仕事だった。

工場移転のプロジェクトには6年もの月日が費やされた。その結果、定年退職やグループ会社への転籍、他社への人材派遣などで、大きな労務問題も起こらずに人員削減は完了した。幸いなことだった。

海外進出に加えて国内新工場の建設で効率的かつ合理的にゼラチン製造を行えるようになったものの、この先数年はそれに伴う莫大な費用のため、しばらく赤字決算が続くことが見通せた。

これは考えようによっては、私個人にとってよい側面もあった。それは、稲井グループに入社したころから悩んでいた相続の問題にプラスに働くからだ。

●創業者一族と事業継承

「創業者一族」というと聞こえはよく、とても恵まれた環境のように思えるかもしれない。

しかし実際は、日々強いプレッシャーと戦いながら生きていかなければならない。

後継者にとって、父、祖父、曽祖父……。脈々と続いてきた伝統は誇りであると同時に逃れられない宿命だ。好きな道を諦めなければならないことや、過度な期待をかけられたり、いわれのないねたみやそねみにさらされたり、中傷されることも日常茶飯事である。

私自身、まだ中学生だった時分に、あろうことか教師から「……だからブルジョワの奴はダメなんだよ」などと心ない言葉を繰り返し投げつけられた経験がある。

事業継承は「親から立派な会社を譲り受ける」という誰もがうらやむようなハッピーエンドのストーリーでは決してない。自社の従業員とその家族、取引先、それにエンドユーザーと、自分では決して把握しきれないほど大勢の人々を乗せた巨大な船の舵取りを任される運命を、生まれた時から背負わされているのだ。そして何よりも、創業者一族にとって会社は家族の歴史そのもの。自分の代でそれを断ち切ることなどできはしないのだ。

それに加えて、代替わりの際には膨大な相続税まで課せられる。この境遇を恨み、不幸ととらえる後継者も少なからずいることだろう。実際に、親を亡くしてから相続に取り組んだ後継者が「自分の親の死であるのに、ゆっくり悲しんでいる時間も心の余裕もなかった」と悔しそうに語るのはよくある話なのだ。

ただ私の場合、ここでゼラチン工場の移転が吉と出る。

相続は、後継者に自己資金があり、納税資金の準備さえできれば、株価の推移を見て負担が少ないタイミングで株式を譲渡しておくという方法を取ることができる。稲井グループの場合、今がまさにその手法が使える絶好のタイミングだった。

工場建設費用の減価償却で赤字決算がしばらく続くため、株価は低くなる。株式を公開せずにすんだことが功を奏し、金融機関や重要な取引先には、赤字の理由をきちんと説明さえすれば大きな問題には発展しない。この時にも「やはり、一見『負』に見える出来事を次のエネルギーに転換する才覚がある」と評されたが、これは無論、計算のうえでのジャッジだ。

２０１０年（平成22年）、工場移転にまつわる海外進出や人員削減などの一大プロジェクトを終えたゼライス社の営業利益は黒字転換していた。

なお同年、仙台市、石巻市、名取市にもサービスエリアを拡大した塩釜ケーブルテレビは、社名を宮城ケーブルテレビ株式会社にあらためた。前年の２００９年（平成21年）に、塩釜瓦斯も塩釜ガスへと社名を変更している。

このタイミングで、稲井グループ3代目の父も、最後まで残していた宮城ケーブルテレビの社長の座を、デジタル（今となってはＤＸ――デジタルトランスフォーメーション――とさらに技術は進んでいるが）に明るい私に譲り渡し、会長職に退くことになった。

稲井グループのゆるぎない発展を私に託した先代の期待が、双肩に強くかかった。

２０１１年（平成23年）の３月。株主総会が予定されていた。

カレンダーを見て、私は思った。

「あとは総会で株価を確定させ、父が所有するゼライス社の株を稲井社に移すだけだ」

すべてが「順調だ」と感じられていた。

日本全体を揺るがす、あの厄災がすぐそこに待ち構えているとは知らずに。

第5章

人生で一番長い一週間

２０１１年（平成23年）３月11日は、東日本大震災が発生した日だ。あの震災には誰もがそれぞれに物語を持っている。この章と同じ話を、前著の『ゼライスのキセキ』にも書いたが、ゼライス社以外の稲井グループの状況を含め、あらためて私の手記を元に時系列で語っていきたい。

●３月11日（金）14時46分　多賀城オフィス　社長室

多賀城市は朝から青空が広がっていた。

立春は過ぎたが、春とは名ばかりの身も凍るような寒い日である。昼休憩を終え、「あと半日頑張れば週末だな」などと、社員の誰もが思っていただろう。

その瞬間は突然に訪れた。

私は多賀城オフィスの稲井社・ゼライス社兼の社長室にいた。

――おや、地震かな？　……ん、ちょっと強いな。

そう感じたのもつかの間、それは突如、大きな揺れへと変化した。

後に東日本大震災と呼ばれる、未曾有の災害が発生した。

部屋全体が波打つようにしなり、壁際の書棚は大きく揺れている。私は反射的にその書棚を手で支えた。最初は一つ、次にもう一つと、結局は両手を伸ばして、書棚を倒すまいと必死で押さえた。揺れと重さで背骨は折れそうだ。そのすぐ横に天井がはがれ落ちる。しかし、危険を察知する余裕も、ほっとする間もない。

周囲からは悲鳴が聞こえてくる。

ガラス窓が今にも割れそうなほど大きな音を立ててきしんでいる。

ずいぶんと長い時間が過ぎたように感じられた。記録によると、宮城県での最初の揺れは160秒間続いたらしい。

揺れが収まって辺りを見回すと、デスクやテーブルは元の場所から1メートルほど動いていたが、棚に飾ってあった仏像や花瓶は倒れていない。

——安定していそうなものほど倒れるものだな。

周囲に散乱したものをあらかた片づける。

——立つ鳥、跡を濁さず。

地震などなかったかのように元通りに片づいた社長室を見て、そんなことを思った。

多賀城オフィスの1階にはゼライス社が、2階に稲井社が事務所を構えている。

社長室の隣にある稲井社の事務所をチラリとのぞくと、デスクも棚も皆倒れ、足の踏み場もないほどに散らかっていた。割れた窓ガラスの破片も飛び散っている。

みんな、どこかに逃げ出したのだろうか。社員の姿はそこにはない。

階段を下りながら携帯電話を取り出して、塩釜ガス常務（当時）の坂本久に連絡を取った。

「ガス漏れの通報が数件入っており、本町の御釜神社前でガスが吹き出しているという報告が入っています」

ライフラインを担う会社の常務だけあり、坂本からの回答は端的だ。


ガスは一度供給を止めてしまうと、復旧する際に多大な手間がかかり、経営損失も大きくなる。復旧前に、まず地中に張り巡らされた導管からガスが漏れていないかをチェックし、その後、契約先全世帯を一軒一軒回ってガス漏れがないか確認。全パイプ、全戸の安全確認ができてからようやく供給が再開できるのだ。

「全責任は私が取る。だから、私が到着するまでは絶対にガスは止めるな」

そう坂本に指示すると、次に宮城ケーブルテレビに連絡を入れた。

「停電でサービスは休止していますが、3階のヘッドエンド設備（音声、映像、データ等をユーザー側に送出する機器）は無事です」

その報告を聞きながら、

――地震の最中に停電したのだな。

と、どこか冷静な気持ちで状況を分析した。

◇15時10分　多賀城オフィス

社屋前の駐車場に出ると、そこにはゼライス社専務（当時）の八木智、ゼライス研究所所長（当時）の酒井康夫ら幹部が集まっていた。

社員もほとんどが外にいた。揺れのさなかに外に飛び出したのだろう、あまりの激しさに立っていられずにしゃがみこんだままの者もいる。研究所や分析センターの辺りは特に揺れが激しかったらしい。

「1階と2階が分離するのではないかと思うほど揺れた」

と、体験したばかりの揺れをこわばった表情で口々に話している。声を出さずにはいられないのだ。

「これはさすがにとんでもない地震だ。仕事はもう切り上げて帰宅させないか」

幹部たちが協議する。

「……少し様子を見ないか」

と、八木がつぶやいた声に皆がなんとなくうなずき、しばらく社内待機が決定した。

もしこの時、早々に帰宅の指示をしていたら？

すぐさま社員を帰宅させたことで、悲しい結果を招いた企業がごく周辺にあったことを知るのは、しばらくあとになってからのことだ。でもこれは仕方がないことなのだ。

このあとに襲いかかるさらなる天変地異など、誰も想像だにできなかったのだから。

私は、ゼライス社製造部長（当時）の山本正美から工場の被害状況の報告を受けた。

「ラックが少し曲がったようですが、それ以外の被害状況はまだ不明です」

それを聞いて、地震によるゼライス社の被害はあまりなさそうだと判断した。

――やはり塩釜ガスに向かわねば。

非常時こそ、インフラを正常化することは大事だが、ガスに関しては二次、三次被害の恐れがある。

わたしは社長室へ踵《きびす》を返しカバンを手に取ると、1階の事務所に顔を出し、

「塩釜ガスに行く」

と伝えた。そこに、東京から来ていた山田ビジネスコンサルティンググループ株式会社の野口貴洋氏の姿が見えた。

「新幹線はもうダメでしょう。よかったら今日はわが家に泊まってくださいよ」

この揺れの様子では交通機関はすぐに復旧しないだろうと思い、そう声をかけて2人で車に乗り込んだ。

野口氏に不安を持たせたくない一心で軽く言ったこの言葉のせいで「社長はひと足先に逃げ出した」などと勘違いした者がいたように思う。でも私の頭の中は「ガスの全戸供給停止の最終判断をどうするか」でいっぱいで、周囲が抱く感情を忖度《そんたく》する余裕はなかった。

多賀城オフィスから塩釜ガスへと車を走らせようとした。

塩釜ガスまでは約5キロ。県道23号（産業道路）を経由して、いつもなら10分ほどで到着する距離だ。しかし、すでに大地震によるパニックで渋滞が始まっていた。

多賀城オフィスの目と鼻の先にある「うまいすし勘」まで進むのに、すでに5分以上かかっている。

——この距離で、歩いたほうが早いくらいの渋滞となると、このまま産業道路を通って塩釜に向かったら何時間かかるかわからない。

産業道路に向かうT字路にようやく差しかかった時点で私は迂回《うかい》を決め、Uターンした。

思えばこれが運命の分かれ道だった。

普段の私は、短気な性格ではない。緊急事態に即し、より早く着く可能性がある道を選んだまでのことだったのだ。

津波が本社のある工業団地一帯を襲ったのは、私の車が多賀城オフィスの前を、再び通ったわずか5分後のことである。ゼライス工場の真横を流れる砂押川《すなおし》にも大きな波が現れ、河口から内陸に向かって一気にさかのぼっていったという。当時、多賀城市の防災無線は故障し、津波発生を知らせる放送が流れることはなかった。

幸運な二人を乗せた車が進む道中は、ひどく静かである。

◇15時45分　車中

私たちが通過した数分後に、砂押川は2か所ほど大きく決壊した。この時もしバックミラーを見ていたのなら、遠くに津波の迫りくるさまが見えたであろう。今でこそ東日本大震災では津波が甚大な被害をもたらしたことは周知の事実であるが、車中の二人の頭には、津波のことなど一片も浮かんでいなかった。

砂押川を渡りきり、笠神《かさがみ》地区を通って大井産婦人科前を経由し、花立《はなだて》地区の国道45号線に出る

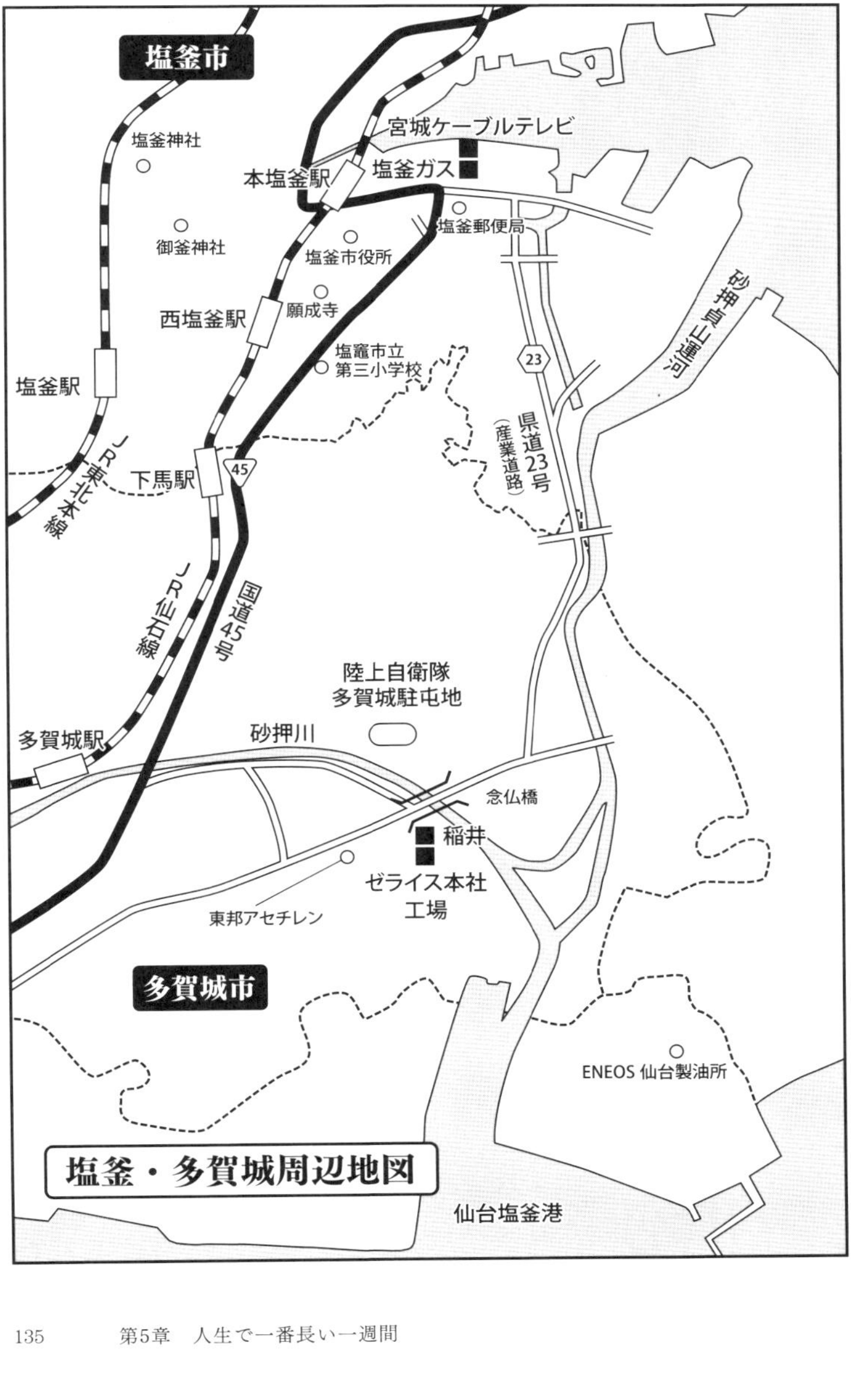
塩釜市
宮城ケーブルテレビ
塩釜ガス
塩釜神社
本塩釜駅
塩釜郵便局
御釜神社
塩釜市役所
砂押貞山運河
願成寺
西塩釜駅
塩竈市立
第三小学校
23
塩釜駅
県道23号
（産業道路）
JR東北本線
下馬駅
45
JR仙石線
国道45号
陸上自衛隊
多賀城駐屯地
砂押川
多賀城駅
念仏橋
稲井
ゼライス本社
工場
東邦アセチレン
多賀城市
ENEOS 仙台製油所
仙台塩釜港

塩釜・多賀城周辺地図

までは実に順調だったが、コグエ歯科の少し手前に差しかかったところで、前方に冠水が見えた。

「地震の影響で水道管でも破裂したのでしょうね。いつもあそこは冠水するんですよ」

野口氏が不安を感じぬよう、私はそう話しかけた。

ただ、その時見えた水の、今までに見たこともないような気味の悪いどす黒い色を、私はまだ記憶から消すことができない。


やがて車列の前方で、「この道はダメだ」というように手を振って教えてくれている男性の姿が見えた。「仕方ない」と保険会社の角を左折し、市役所の前に出た。すると今度は右のほうから水たまりが近づいて来るのが見えた、と同時に、

「津波だ、津波！　逃げろ！」

という声が聞こえてきた。


ここでようやく、私たちは津波の発生を認識した。

防災無線もはっきり聞こえ出す。自分たちに命の危険が迫っている。前を走る車が高台にある願成寺《がんじょうじ》方面に上っていく。迷わずそれに続いた。

◇16時10分　塩釜市　願成寺

16時10分ごろ、願成寺の境内に到着した。ラジオから、釜石に10メートルの津波が襲来したという情報が流れている。コグエ歯科の前で見た不気味な色をしたあの水こそが津波だったのだ。我々の車まで5メートルほどしかなかった。

願成寺には、我々のあとにも車が次々と登って来る。

雪が降りはじめ、余震は絶え間なく続き、その度に本堂は今にも崩れ落ちそうなきしみ音を立てる。多くの人は境内の集会所に身を寄せていた。

このころから、携帯電話もつながりにくくなっていた。

それでもしばらくかけ続けると、ようやく稲井社常務取締役の亀井善宏とつながった。

「工場敷地に2メートルくらいの津波がきました。1階の事務所も水浸しです」

亀井のその報告に、思わず絶句した。多少の被害を受けているだろうとは推測していたが、まさか水没するとは、到底信じられない。

ゼライス社の八木智からも報告が入る。

「多くの社員は屋上に避難しています。現在、社員の無事を確認中です」

そして、塩釜ガスの坂本久とも連絡が取れた。

「塩釜ガスの敷地内には津波が来ましたが、社屋にまでは入りませんでした。ただケーブルテレビの1階は津波で全滅したようです」

◇17時　願成寺

会社の現状がひと通り把握できたところで、ようやく妻に電話をかける気になった。たまたま妻は子どもの学校の用事があり、塩竈市立第三小学校にいるとのこと。幸いなことに小学5年生の長女と、1年生の長男と合流でき、体育館に避難していることがわかった。一方、4歳の次男は、祖父母、つまり善孝の家に預けてきたという。妻のところには、どうも津波の情報が入っていないようで「今から、次男を迎えに自宅に戻る」と言い出した。

「そこから一歩も動くな！」

私は強い口調で言い聞かせた。そしてすぐ父に電話をかけた。しかし、電話は一向につながらなかった。

会長に退いていた父 善孝に咽頭ガンが見つかったのは2009年（平成21年）のことである。震災当時は放射線治療の最中で、その影響から体は相当に弱っていた。家族は心配だ。しかし「一刻も早く塩釜ガスに駆けつけなくては」という使命感にも駆られていた。

◇17時30分　願成寺

野口氏に声をかけ、徒歩で塩釜ガスに向かうことにした。

津波は願成寺の下まで到達しており、市役所周辺はまだまだ水が引いていないと耳にする。いつもの道が使えないため、西塩釜駅の裏手を通って迂回し、塩竈第三小で家族の状況を確認してから、塩釜ガスに向かうことになった。

裏道を通って迷いかけたところで、塩釜市内の亀喜寿司の板前の渋谷猛氏にばったり出会い、近道を教えてもらうことができた。

塩釜市の中心を通る国道45号線にようやく出ると、塩竈第三小近くの歩道橋の下に水たまりができていた。小学校は、願成寺を挟んで塩釜市役所とはちょうど反対側に位置している。あの辺りは少し高台になっているはずだ。市役所付近は水浸しと聞いていたが「ここまで水が来たのか」と驚愕《きょうがく》しかなかった。

◇17時45分　塩竈市立第三小学校

薄暗い塩竈第三小の体育館は小学生であふれかえっていた。下校時刻前に揺れたのが幸いしたのだろう。在校生のほとんどがそこに集まっているようだ。

大人たちも次々に避難してくる。幸いにも、私はすぐに家族と合流することができた。地震のあまりにも強い揺れには恐怖を感じたというが、津波にはまったく気づいておらず、妻も息子も娘も、そして周りにいる子どもたちも平静を保っているし、思いのほか元気な様子だ。

——子どもたちのあどけない姿は、これから避難してくる大人たちにとって精神的な救いになるだろう。

そんなことを思った。

家族の無事が確認できたため、再度、塩釜ガスに足を向ける。願成寺からの道すがら見た国道45号線はどうみても通行不能だったため、別ルートを試した。

しかしどのルートも、たとえ長靴を履いていたとしても水をかぶるくらいの高さまで冠水していた。

——もう少し水が引いたら、再挑戦しよう。

仕方なしに、体育館に引き返した。

◇18時　塩竈市立第三小学校

体育館には石油ストーブが用意され、自家発電によってテレビが見られるようになっていた。そこに映し出された光景に誰もが言葉を失っている。仙台平野に津波が押し寄せ、気仙沼は一面が火の海。巨大な火柱が上がっていた。

このころ、体育館の外から「ブォン」という不気味な音が聞こえはじめていた。

◇18時30分　塩竈市立第三小学校

かけ続けた電話が、再び塩釜ガスの坂本につながった。

「仙台市ガス局の港工場が、津波で壊滅的な被害を受けたらしいです」

塩釜ガスは、この工場からガスを卸してもらっている。大変なことになった。すると電話の相手が顧問（当時）の日野奉文に代わった。

「社長、止めたスからね。大元がやられたのではしょうがないスから」

日野は現役時代、工務部長として阪神・淡路大震災、十勝沖地震などで数々の復旧応援活動をしてきた歴戦の強兵だ。その日野が言うことにはさすがに私も従わざるを得ない。

塩釜ガス社内の地震計は、被災当日、772ガル、41カインを計測していた。地震の大きさを表す単位として「震度」と「マグニチュード」は有名であるが、より科学的に表す場合は「ガル」と「カイン」が用いられる。

「ガル」とは重力加速度や振動加速度を表す単位で、このガルに時間をかけるとエネルギーの大きさを示す「カイン」になる。

1カインは「1秒間に1センチ（モノや地盤が）動く」ことを示し、ガルとカインの両者がそろって大きくなるほど、地震の破壊力が強いとされる。

阪神・淡路大震災後、資源エネルギー庁が設置した「ガス地震対策検討会」では、ガス事業者の第1次緊急停止判断基準を60カインと設定した。そのためガス事業者には、ガルやカインを計測できる地震計が設置されている。

40カインであれば、全面供給停止の手前のラインではあったが、大元からガスが来ないのであれば、この処置はやむを得ない。

実はこの時、日野は入院中の身であった。しかしこの一大事に病院を抜け出し、塩釜ガスに駆けつけてくれていたのだ。

◇19時　塩竈市立第三小学校

体育館で食事が支給されはじめた。茶碗に白いご飯だけであるが、子どもにはふりかけも渡されていた。1日中動き回り、心身共に疲弊しているにもかかわらず、不思議と空腹を感じない。それでも誰かに勧められるままに、白米を少しだけ口に運んだ。

携帯電話はかなりつながりにくくなっていたが、それでも時々電波がつながる。そのたびに着信記録が一気に表示された。会社の関係者、古くからの友人たち。多くの人が身を案じてくれているのだと目頭が熱くなった。

◇20時　塩竈市立第三小学校

体育館の外で「ドカーン」という大きな音がし、館内にいても強い爆風が感じられた。石油タンクが爆発したのだ。

ＮＨＫニュースでは「多賀城の東邦アセチレンのタンクが爆発した」と伝えたあと、すぐに「塩釜の石油基地でガスタンクが爆発した」と情報が訂正された。

これはいずれも誤報である。

この時、避難所にいる人に、どれが正しい情報なのかわかるはずがない。

それにもかかわらず、近くにいた人がこのニュースを聞いてすぐ「塩釜ガスが爆発した」と、ほかの人に話すのを見た。こういうことがあったせいか、震災発生後、しばらくの間「塩釜ガスはもうダメだ」というデマが流布することになった。

◇20時30分　塩竈市立第三小学校

——やはり塩釜ガスに行こう。

そう決意して表に出ると、多賀城方面の空が赤々と燃えている。

——あの爆発は、多賀城オフィスの川を隔てた向かいにあるＪＸの石油タンクがやられたな。

私は直感した。ＪＸとは、ＪＸ日鉱日石エネルギー株式会社（現ＥＮＥＯＳ株式会社仙台製油所）のことだ。その直後、もう1台タンクが爆発した。こんなに離れているにもかかわらず、なんともいえない生温かい風が体を包み込んだ。

——社員は無事なのか、一体どうなっているのか。

煙の多くは、南の仙台方面に流れ、塩釜方向に来ることはなかった。

その後もいくつかのルートを再確認してみたが、水は依然として引く気配がなく、結局どこも通ることができない。諦めて体育館に戻ろうとすると、国道45号線の深い水たまりのほうから一人の男性が歩いてきた。

「すみません、この辺りの角にあるはずの酒屋さんを探しているのですが……」

そこは私もよく知る酒屋だ。しかし停電で地元の者でも方角を見失うほど、辺りは真っ暗であった。

聞けば彼は「実家の母親が心配になり、仙台から塩釜まで歩いてきた」と言う。心を打たれ野口氏と二人、闇の中を歩いて男性の実家をなんとか探し当てた。男性は「お母さん」と何度も叫ぶが、家の中からは返事がない。避難したことを想定し、男性を塩竈三小の体育館へと案内した。

体育館では、子どもたちがありったけの毛布を集め、みんなで肩を寄せ合って眠りに入ろうとしている。大人たちはストーブを囲んで、テレビから次々と入る被災情報に釘づけだ。

引き続き彼の母親を探すが、やはりここでも見つからない。男性は「母親のかかりつけの坂総合病院に行ってみる」と言った。

「いろいろお世話になりましたので、せめてお名前だけでも」

と男性は言うが「いや、名乗るほどの者じゃないです」と、名を告げなかった。

彼の母親の名は、鈴木章子さんと記憶している。こちらも名乗らなかったことで、彼が母親に会えたのかどうか結局はわからない。今でもそのことを思い出すと、無事再会できたことを願わずにはいられない。

誰もが、大切な人の無事を必死で祈る夜だった。

まだ連絡が取れない父 善孝、母 瑛子、そして幼い次男。しかし、明日もあると仮眠を決めた。子どもたちは毛布にくるまりよく寝ているが、まともに寝たら間違いなく風邪を引くような底冷えする寒い夜だった。人間、1日くらい寝なくたってどうってことない。妻も野口氏も横になっているだけだったのではないだろうか。結局眠れずに、この後も3度ほど塩釜ガスへ向かおうと試みたが、やはり水に阻まれてしまった。

ガスタンクが爆発した黒煙の向こう、光を失った街の上では、星空がいつもより明るく広がっていた。

● 3月12日（土）朝　塩竈市立第三小学校

夜が明けるとさっそく冠水の状況を確かめに行った。

やはりひと晩で状況が変わるほど生やさしい災害ではなかった。体育館では乾パンの支給が行われていたが、依然として空腹を感じない。

やがて「願成寺から市役所の北西にある東園寺《とうえんじ》を抜ければ、市内にまで出られるらしい」と耳にし、願成寺に停めていた車を取りに行きがてら詳しい情報を集めた。すると「本塩釜駅近くのロイヤルホームセンター（現在、ＤＣＭホーマック塩釜店のある場所）の前は水が引いていた」と言う人がいた。境内に雑然と押し込まれた車の中から、なんとか自分の車を出して小学校の校庭に移動させたあと、家族と野口氏、そして体育館に避難していた親しい近所の人と声をかけ合って、徒歩で自宅に戻ることにした。

東園寺を過ぎてロイヤルホームセンターの前辺りに来ると、思わずみんな顔を見合わせた。街の様子がすっかり変わり果てていたのだ。地面はヘドロで覆われ、なんとも言えない悪臭が辺りに立ち込めている。ホームセンターから流れ出たのであろう商品らしき植木鉢や肥料、そして判別できない多様なものが一面に散乱していた。路上には数多くの車が停車したままになっており、電信柱に斜めに立てかかっている車は、ご近所さんが買ったばかりの新車ではないだろうか。

そして、営業しているはずのないホームセンターと、その先のイオンショッピングセンターで頻繁に人が出入りしているのが見えた。

――略奪行為が行われているのではないか。

その想像に背筋が急に寒くなった。


宮城ケーブルテレビに立ち寄ると、営業部員（当時）の大西英樹の姿があった。

「社員は皆、ひと晩会社の2階で過ごしました」

そう報告を受け、社員が全員無事であることに安堵《あんど》する。確かに1階は壊滅的であったが、3階の送信局は報告通り無事のようだ。野口氏には、自宅の状況がわかるまで2階の応接室で休憩してもらうことにして、いったん別れた。


自宅が近づくと、車庫のシャッターが津波によって大きくへこんでいるのが見えた。車庫の中と庭はヘドロで覆われ、家の中にもうっすらと津波の浸水した痕跡が見える。壁はあちこち崩れていたが、普段から地震に備えていたせいか倒れている物や落下している物は多くはなかった。

そのまま敷地内にある善孝の家に急いで向かうと、何事もなかったような顔をして次男と両親が現れた。

「家の周りにね、車がプカプカ浮いていたの！」

そう屈託なく報告してくる次男を思わず抱きしめた。

父が当日の状況を話してくれた。

「揺れが収まった頃合いに『外の様子を見てみようか』と2階に上がったら、もうすぐそこまで津波が来ていて……。孫は、あの揺れでも起きず、お利口さんに昼寝中だし、それに私の今の体では正直、もう間に合わないと諦めかけたんだよ。でもその時、門扉のスリットが水圧を緩和してくれているのが見えてね……。必死に1階に戻って寝ている孫を抱え、瑛子をせかして2階に上がった。……それでどうにか逃げることができたよ……」

そうこうしているうちに、どこからか大型のマイクロバスが門扉の前に流れ着き、家の中への津波の侵入を防いでくれたというのだ。奇跡が起きた。この時の父の体は病魔に侵されて、既にボロボロだったのだ。

引き続き自宅周辺にも大津波警報が発令されている。本来であれば今すぐに退避しなければならない。しかし父も母も「わが家が一番安全」と譲らない。未曽有の災害の中で奇跡のように助かったのだから、その思いを持つのは当然のことであろう。電気、ガス、水道といったライフラインはすべて使うことはできないが、家族は皆生きている。

家のことは妻と母に任せて、私は会社に戻ることにした。

宮城ケーブルテレビに寄り、待機していた野口氏に「自宅はライフラインが停止していて、お泊できる状況ではない」と伝え、謝罪した。

昨日の報告通り、ケーブルテレビの設備は停電さえ解消すればサービスを再開できる。情報を求める契約者のためにも、一刻も早く停電が解消されることを祈るばかりである。しかし一抹の不安があった。それは自家発電装置が津波をかぶったことである。その不安は数日後に的中する。

塩釜ガスに向かう街中は冠水し、がれきであふれている。大冠水した国道45号線から水が引くのは2週間後のことだ。塩釜郵便局の前を通るルートの冠水はかなりひどく、車もがれきも散乱し、歩けたものではない。中の島公園を横切って進むことにした。汚泥の中をかき分けて歩きながら、こう思った。

——いったん家に帰ったのだから、長靴に履き替えればよかった。

昨日から同じ革靴を履き続けていた。

塩釜ガスは、津波発生後「水に囲まれた」という報告こそあったものの、社屋内にまで津波は押し寄せていなかった。敷地内はヘドロであふれていたが、懇意にしている菅原産業株式会社のスタッフがすでに社内で重機を動かし、ヘドロの撤去にとりかかってくれている。しかもヘドロからの病原菌感染予防のために、廊下や階段は段ボールでしっかりと養生がされていた。すべて日ごろの訓練のたまものだ。

——さすがインフラを守る企業だ。

自社のことながら、心底感心した。

震災時、塩釜ガスの社内にいた工務部長の鈴木進は、死を覚悟するほどの揺れを感じたにもかかわらず、その揺れが収まった瞬間には反射的に外に飛び出したという。逃げるためではない。ガスホルダー（都市ガスを安定供給するためにためておくタンク）の状態を確認するためである。

あれだけ市民に心配されたガスタンクも、やっぱり塩釜ガスのものに異常はなかったのだ。

市内が停電していたため電話などが一切鳴らず、誰もが集中して自分がすべき仕事を冷静に黙々と進めていた。

町中が壊滅状態になっていることに加え、命が助かった人が略奪まがいのことをしている姿を私は目にした。しかし、塩釜ガスでは社員一人ひとりがやるべきことを心得ており、キビキビと自律的に行動している。社員のその姿に、私が一番、勇気をもらったかもしれない。

「ここは大丈夫だ」

そう安心して、多賀城オフィスの確認に向かうことにした。

●12日（土）午前

昨日、渋滞のために迂回しなければ通るはずだった産業道路を進むと、あちらこちらで車が止まったままになっている。中には動かぬ人が乗った車も見られた。そして、海から流されてきたのだろう、何隻もの船が打ち上げられ、がれきの中にも何かが見え隠れしている。あれも、人かもしれない。

——もし、昨日、あのままこの道を通っていたら……。

頭を大きく振って、そんな悪い妄想を払いのけた。多賀城オフィスのすぐ脇に架かる念仏橋に差しかかったが、警察が道路を封鎖している。ＪＸの火災のために、半径5キロ以内は立ち入り禁止区域に指定されたらしい。

——これでは、社員の安否も確認できない。

ここで、一計を案じた私は塩釜ガスに戻り、日野顧問に声をかけた。

「日野さん、頼むよ」

日野は心得たもので、すぐに緊急車両を出動させてくれた。そして念仏橋に差しかかると、現場で鍛えられた迫力満点の声で、

「緊急事態！」

とひと声。これで封鎖を無事突破し、ようやく多賀城オフィスに近づくことができた。緊急事態にうそはない。

見えてきた社屋の外観は、さほど被害がないようだった。しかし、交差点を左折して全景を目の当たりにすると、その様相は一変した。

――まさか、こんなにやられていたとは。

敷地を囲むフェンスはすべて崩壊。防火壁の下部2メートルほどは流されてしまったのだろう、跡形もない。敷地内には社員の車や商品、そしてＪＸから流れてきた大量のドラム缶が散乱していた。あとで数えると、その数は２３０本。加えてタンクローリーが5台も流れ着いていた。

ヘドロの悪臭と、ＪＸの油の臭いが混ざり合う。その臭いが、いつか見た戦争映画の爆破シーンの記憶を呼び起こし、目の前の惨状とぼんやり重なった。

ほどなくして、社屋に取り残されていた全員が無事避難したという一報が入り、われに返った。あらためて見回すと、工場敷地内は、ざっと見て10棟ほどの建物が津波に襲われているようだ。研究所や検査分析センターは、建物や設備共々すべて使用不可能に見えた。特に稲井社の倉庫は「なんでここまでやられたのか」というほど損傷がひどい。その一方で、２階の社長室は昨日出発した時と違わず、何事もなかったかのようにひっそりと静まり返っていた。

しかし、今、心には絶望も不安もない。

――どう復旧するか。どのくらい早くやれるか。

腹の底から熱い気持ちが湧くのを感じた。新しい闘いの始まりだ。

塩釜ガスに戻った私は、ヘドロの撤去作業をしてくれている菅原産業にまず相談した。

「ゼライス社の敷地もお願いできないだろうか」

菅原産業は「わかりました」のひと言で快諾してくれた。同じく塩釜ガスの仕事をお願いしている有限会社エスジーサービスと、木村建設にもコラーゲン工場の片づけを手伝ってもらえることになった。

●12日（土）午後

午後になってから、産業道路を通って、小学校の校庭に置き去りにしていた自家用車を取りに行った。この日の朝方は、まだ街中に遺体が放置されている状況であったが、昼になるとすべてどこかに引き取られていた。

宮城ケーブルテレビに立ち寄ると、大西英樹が「電気が明日から順次復帰するらしい」という情報をつかんでいた。しかしこのケーブルテレビの社屋が位置する尾島町、港町は津波の被害が甚大で、「電気の復旧がいつになるかわからない」というのだ。

お客様からしてみたら、自宅の電気が復旧しているにもかかわらずケーブルテレビ会社の都合でテレビが映らないことになる。自家発電装置はあったが津波をかぶってしまい、案の定動きが悪くなっていた。近所で親しくしている有限会社三星電機商会にこのことを相談すると、電気が復旧するまでつきっきりで自家発電装置を動かし続けてくれることになった。ありがたい。

社員が元気に働く姿は、常に私の活力になった。

いつの間にか食料供給基地と化した塩釜ガス3階の会議室では、ショールーム料理教室担当の松田由喜江ら女性スタッフが中心となって、電気や水道が復旧していないにもかかわらず、プロパンガスと備蓄食材を使って食事を用意してくれた。この日以降、食料供給基地は約1か月もの間続き、朝昼晩の3食、100名以上の食事が用意された。ヘドロの撤去などはとにかく力仕事だ。ありものでそれなりに満足のできる食事を用意してくれたおかげで、みんなが元気になった。

●12日（土）夕方〜夜

自宅に帰ると、真っ暗な中にいくつかのろうそくを灯し、古い火鉢を持ち出してきて家族が暖をとっていた。この時はすっかり忘れていたのだが、自宅には太陽光発電パネルが設置されており、そこから非常用電源を取れたのだ。それに気がつけば、被災直後でもわが家ではテレビを見ることができたし、暖房器具を使うこともできた。しかし私がこれを思い出すのは地震から13日後、電気が再通電した日である。結果的にしばらくの間は、不自由な生活を続けるしかなかった。

このころから、ラジオのニュースは福島の話題が増えていったように思う。食事は塩釜ガスからご飯を分けてもらうことができたためなんとかなったが、入浴できないのはつらいことだった。

だんだん自分でもわかるほど臭いがしてきた。お湯のありがたさを身に染みて感じた。

今日も長い1日が終わった。

普段はとにかく忙しいのに、今夜は何もすることがない。布団に入ってから、ただ寝るだけだ。

夜になっても相変わらず余震が続いている。

● 3月13日（日）

この日からしばらく、朝起きると火鉢にまず火を入れるのが私の日課になった。新聞はまだ届かず、家の前には車が何台も止まったままだ。これらの車はその後、数か月間そのまま放置されていた。

電気が通らずとも冷蔵庫の中のものが悪くならないほど、相変わらず寒い日が続いている。冷蔵庫にあったヨーグルトやバナナで朝食をすませ、塩釜ガスの制服に身を包むと、まず宮城ケーブルテレビに立ち寄った。

外に出れば、近所の人とも顔を合わせるようになった。

ガソリンスタンドの前で、店主の田中さんに会った。田中さんはあの日「慌ててイオンの屋上まで走って逃げた」と言う。ただその時、偶然同じ場所に居合わせた割烹料理「いな長」の若奥さんは「車で逃げようとして、引き波で犠牲になった」と聞いた。これが初めて私が耳にした知人の悲報であった。

宮城ケーブルテレビでは、停電により警備システムが動かなくなったことを心配して「若手社員が代わるがわる寝泊まりし、保安に努めている」と知った。立ち上げ時には、右も左もわからない子どものようだった社員たちが、ずいぶんたくましくなったと胸が熱くなる。ほかの社員たちも、塩釜ガス同様に各自できることを冷静にこなしていた。また、技術スタッフがショートした部分を避けてケーブルをつないで電力を通し、この日中に、地上デジタル放送の送信を復旧させることもできた。

この日、宮城ケーブルテレビは災害FMを立ち上げている。

災害FMとは、阪神・淡路大震災での教訓を踏まえ、救援情報や復興情報などを被災者に届けられるよう臨時に災害放送局を設立できる仕組みで、1995年（平成7年）に制度化されたものだ。

被災時の宮城ケーブルテレビには、独自情報を配信する設備的な余裕がなかった。塩釜市の隣の七ヶ浜にあった中継施設や塩釜市内のサービスセンターが深刻なダメージを受け、社内の非常用電源装置などが水をかぶってしまったために安定した動きをしない。そこで、近隣で同じく被災したFMベイエリアと共同で、塩釜市庁舎に通信機器設備を運び込み、災害FMをスタートさせたのだ。

実はこのＦＭベイエリアは、私が立ち上げた会社でもあった。経営面では難しいと当初から言われていたが、「防災の観点から非常に大事である」という一念で進めた。なお、多様で自由な言論活動を保証するための「マスメディア集中排除原則」により、ケーブルテレビとＦＭラジオの経営は兼務することができない。そのため、同社は稲井グループには属さない（しかし、今日では総務省を中心とした検討会議により緩和の動きがある）。当時、仙台や石巻に比べて塩釜近辺の情報は圧倒的に少なかった。この災害ＦＭは地域の人を大いに助けることになったと思う。「社会的使命感」という稲井の家訓を胸に、無理にでもこれを立ち上げておいてよかったとつくづく思った。

震災当日、宮城ケーブルテレビの取材クルーは、自主制作番組の取材に出ていた先で大震災に見舞われている。愛する町が崩れ、波に襲われる様子を、クルーは恐怖と悲しみに震えながらも、ジャーナリストとしての強い使命感でカメラに収め続けた。後のことであるが、宮城ケーブルテレビは、自主制作番組の『いどばた館』でこの記録を放映し、日本ケーブルテレビ連盟取材の番組アワードで報道特別賞を受賞している。

しかし、それを放映したのは一度きりのこと。ケーブルテレビの大西英樹は、受賞に関する取材で理由をこう語った。

「再び流すつもりはありません。塩釜の人はあのような悲しい映像を繰り返し見たくないでしょうから」

宮城ケーブルテレビの社員は、地域密着メディアとして自分たちが何をし、何をすべきではないかということを真に理解している。


ケーブルテレビをあとにし、ヘドロの海となった中の島公園を昨日と同じく横切っていた。今日は長靴を履こうとしたものの、津波をかぶって使い物にならず、結局、同じ革靴での移動だ。

この革靴は5日ほどでヘドロと共に腐敗し、見るも無残に朽ち果てた。

町中では、やはり略奪行為が行われているようだ。スーパーからカートごと品物を持ち出している者も見かけた。店主の目の前でガラスが割られ、乱入された店があったとも聞く。地震だけでなく津波が襲ったことにより、急激に物資不足が進んだようだ。必要なものが目の前にあるのに店員がおらず朽ちてゆくのを指をくわえて眺めているくらいなら、なんとかして手に入れたいと考えた者もあの中にはいたはずだ。ただただ災害が、人の心をむしばんだのだ。


この日あたりからガソリンや自家発電の燃料となる灯油が不足しはじめ、ガソリンスタンドも大行列しはじめた。そこで塩釜ガス所有の天然ガス自動車で、グループ各社を回ることにした。社名の書かれた車でガソリンスタンドの行列の横を通る時には、

――天然ガス自動車のメリットに気づいてもらえるかな。

と、そんなことを考えた。

震災からしばらく大変だったのは、やはり物資の調達である。ガソリンだけではない。水も食料もすべて行列しなくては手に入らなかった。家を守る妻も、車が使えないために、しばらくは数キロメートルも歩いて、家族のために水や食料を運んでくれていた。

この日は、稲井社の社員も出勤してきた。地震発生からの経緯を確認し、保険部の新田良に、写真撮影の指示をした。

稲井社の事務所は2階に位置していたため水をかぶることはなかった。また、新浜の工場も揺れによる破損こそあったものの津波の被害は免れ、比較的早く復旧できそうである。稲井社の被災状況は、倉庫の倒壊とトラックが数台流されてしまったことだった。商品食材を保管していたプレハブ冷蔵庫は水をかぶってしまったが、パッケージが汚れただけで中身は無傷の真空パックのハムやベーコン、調理済みの魚などが数多く見つかったため、きれいに洗浄し、避難所や取引先に運んで配った。これは大変に喜ばれた。

菅原産業と設備会社の株式会社仙光の高橋正夫部長が、どうにか規制線を突破して塩釜から多賀城オフィスの確認に来てくれた。菅原産業には漂流物撤去を依頼し、仙光には倉庫の修復など

「とにかくできるところから始めてほしい」と依頼した。

仙光のホームページに、当時のエピソードが掲載されている。

——ゼライス社は復旧にあたって、30年以上の取引がある株式会社仙光にご相談くださいました。ゼライスのプラントを隅々まで知る仙光は、ただちに現地入りしましたが「あまりの状況に脱力感を覚えた」と担当者は言います。

しかしゼライス社の稲井謙一社長から「この場所で復興するのでよろしくお願いします」と言われ、全力で取り組む決心を固めました——

建築部材の不足が予想されたが、倉庫の修復は1か月も経たずに完了した。大震災後のこの時期に、驚異のハイピッチで進んだといえるだろう。

各社の様子を飛び回って確認後、自宅に帰ると、車庫のヘドロの撤去にかかった。父は病気の身であり、子どもたちはまだ幼い。この作業は一人で地道にやらなければならない。すべてのヘドロを掃き出し終えるまで、1週間ほど費やした。

ひと仕事終えて家に入ると、驚くべき話を耳にする。それは自分の安否確認がテレビやラジオで繰り返し流れているというものだった。捜索人の名に心当たりはなく、あとで調べると偽名ばかりであった。

一体、真意はなんだったのか、今でも不明のままである。

●3月14日（月）

週が明けた。

ようやくこの日、ゼライス社東京営業所の当時の営業部長と連絡を取ることができた。彼が言うには「関連業界では謙一社長死亡説が流れている」とのことだった。

そして、彼自身が携帯電話のディスプレイに私の名前が出た時は「戸惑った」と言うのだ。

この発言には正直、不快感を覚えた。そして「この感覚を忘れるべきでなかった」という出来事が、震災復興時に発覚する。

この日私は、取引先に対し次のようなメッセージを発信した。
①地震および津波被害により、電気や通信機能が不通になっていること
②工場敷地内は避難地域に指定されているため、工場内の被害状況の確認にもうしばらく時間がかかること
このメッセージを手に、被災地以外のゼライス社員は取引先を回りはじめた。

午後には、吉報ももたらされた。

仙台ガス保安工事株式会社の中野忠彦社長が塩釜ガスを訪れ、こう言ったのだ。

「東北電力の新潟発電所と仙台火力発電所を結ぶパイプラインが、仙台市ガス局港工場から出ている天然ガスのパイプラインと交差しているはずですよね？」

この情報に「ガス供給再開が近い」と私は直感し、再開準備を急ぐよう指示した。この勘は見事に当たった。1週間も経たないうちに両パイプラインの接続工事が決定し、すぐさま工事が行われ、塩釜ガスも25日から供給を再開できる運びとなったのだ。ちなみに、異なるガス会社のパイプラインをつなぐことができたのは、かつて行った熱量変更作業のおかげである。

宮城ケーブルテレビで足止めを食らっていた野口氏も、この日にようやく塩釜を脱出。仙台から、新潟、山形を経由して東京に戻られた。

●3月15日（火）

塩釜ガスの日野顧問と塩釜市内を回る。

市内のあちらこちらでガスの導管の圧力テストをする社員の姿を見かけた。津波の浸水区域は目を覆いたくなるような惨状であったが、魚市場や水産加工地区には津波が来た様子がなく、行きつけの寿司屋の親方やバーのマスターに遭遇した。皆一様に「頑張るしかない」と明るく前を見ているように見えた。

その一方で、後片づけをしていると「あらぁ、津波が入っちゃったのねぇ！」と、なぜかうれしそうに声をかけてくる人もいた。そのたびに、こんな人たちにかまってはいられないと思うのだった。稲井社の社員は可能な者からこの日より出勤し、清掃作業を開始した。

●3月16日（水）

宮城ケーブルテレビは自家発電装置の修理、塩釜ガスは導管テストを行った。被害の大きいゼライス社は、22日に仙台で管理職会議を開催することを決め、出社可能な社員には翌23日から来てもらうことになった。

七十七銀行塩釜支店とは融資の協議も始まり、取引先である東京産業株式会社のご厚意で、仙台にある東北支店のフロアを間借りできることになった。ここで総務や財務の仕事を再開することができる。便宜上、「ゼライス仙台出張所」と名づけた。

塩釜市内では、停電で信号が機能しないうえに、がれきが車の通行を妨げている。若い社員の多い宮城ケーブルテレビでは、率先して周辺のがれき撤去にも精を出していた。私も微力ながらこれに加わった。

●3月17日（木）

布団を何枚かけても震えが止まらないほど、凍えるような寒い日が続いている。

塩釜ガスではこの日、地域医療の要である塩釜市立病院に簡易ガス発生設備を運び込んだ。

「この設備を貸してくれたおかげで患者さんを死なせずにすんだ」

と、後になって院長からそう感謝の言葉をいただいた。空調や病院の食事の調理にこの装置が活躍したとのことだ。病院への貸し出しは、被災直後、迫りくる津波を振り切って、塩釜市立病院へと様子を見に車を走らせた、現在の常務取締役営業本部長の加藤雄一の進言によるところが大きい。


さて多賀城オフィスでは、菅原産業による手際のよい作業により、敷地内に散乱していた車約１００台があっという間に一か所にまとめられ、がれきとヘドロがみるみる除去されていった。


その日、私はみんなが帰ったあとも一人、敷地内のゴミを集めていた。

ゼラチン工場の前のネットについた枝葉を取ろうとした時のこと。うっかりマンホールに落ちて背中を強打してしまったのだ。マンホールのふたが外れていることは知っていたはずなのに、作業に夢中になってすっかり忘れていたのだ。

頭を打たなかったのは幸いだったが、下半身はマンホールの中。両腕の力を振り絞り自分の体を押し上げ、どうにか脱出した。

——もし打ちどころが悪く、あのまま意識を失っていたら……。

はい上がったあと、暗く大きな口をのぞかせるマンホールをぼう然と眺めてそう思った。でも命が助かったことに、こうも思うのだ。

先行きの見えない状況の中で、不安を抱える数多くの社員を残したまま「お前が、今、ここで命を落としてはならない」という、大きくて強い何者かの意志によって生かされたのかもしれない、と。

● 3月18日（金）

山の手地区から電気が復旧しはじめた。

宮城ケーブルテレビも塩釜ガスも電話は不通のため、様子確認をするために来社されるお客様が増えてきている。

ケーブルテレビとガスの社員は、震災当日の11日からずっと働き詰めであったため、19日土曜日から春分の日の21日まで暦通り3連休と決めていた。しかし仙台市ガス局より、22日からガスを再開するという連絡が来たのだ。

——この時期に塩釜ガスのメンバーを休ませたのは正解だったのか?

休ませたことで、ガスの再開が円滑にいかないのではないかと、今度はそれが気になってきた。社員にとっては休みがないほうがかえって楽だったのではないだろうかと、その後もしばらく自分の決断を悩んだ。また、マンホールに落ちた時の背中の痛みもひどくなってきている。心身共に疲労困憊《こんぱい》だ。そんな体をだましだまし復旧作業に励んでいた。

その後、七ヶ浜にある健作接骨院が開いていると聞き、そこに通うことにした。この震災下で「治療代は受け取らない」と言う先生たちのために、まだまだ不足している食料——といってもバナナくらいだったが——を、お礼に差し入れた。

● 3月19日(土)

連休中に、エスジーサービスと木村建設がコラーゲン工場の清掃作業に来てくれた。私もこれに加わり、コラーゲン工場のヘドロの掃き出しと清掃を行った。

素直にシンプルな感想ではあるが「プロの力はすごい」。これに尽きる。コラーゲン工場は3連休中に片づいてしまった。

この非常時にもかかわらず、被災している取引先からは、支払日を守って次々と振り込みがあった。この中には工場や家を流されてしまった人もいるはずだ。

――やっぱり宮城県の人は義理堅い。

思わず手を合わせて取引先の方々を思い浮かべた。今はただただ、感謝することしかできない。

●3月23日（水）

ゼライス社の社員が、震災以降初めて出社してきた。

電車もバスも通じていない中、自転車でやってきた者も多くいた。そして思った以上にきれいに片づいている会社を見た誰もが「会社はちゃんと復旧するんだ」と確信してくれたという。

社員の希望の光になったのであれば、マンホールに落ちてまで作業をしたかいがあった。


ゼラチンは水をよく吸う。

汚泥まみれの水分を吸った重いゼラチンは、社員が出社してきた時もまだ50センチほど工場内に存在感をもって積もっていた。水道も電気も住宅地が優先で復旧される。事業所でそれらが使えるようになるまでには時間がかかり、片づけはできても掃除ができない状況がこの先もしばらく続くのだ。

ゼライス仙台出張所の総務部では、社員を4班に分け、出社できる人が交替で出社して片づけを行うよう割り振った。震災直後の被災状況は人それぞれで、車が流されたり、車は無事でもガソリンを手に入れることができなかったりと、会社に来たくても来られない人のほうが多い。通勤手段が限られる中、同じ地域や方面から通勤する社員同士をグループにまとめることで、通勤効率を上げることにした。部署や役職の有無、社歴の長短を加味する余裕はなく、機械的に振り分けるしかなかったが、結果的に今まで接点がなかった社員同士の交流と結束が生まれた。

被災状況がゼライス社より軽かった稲井社でも、近所に住む従業員同士が声をかけ合って1台の車に乗り合い、協力して通勤してくれていた。どの社も、スコップなどの道具を従業員同士で融通しあっての作業だった。余震が続く中での作業は危険を伴い、困難を極める。物資は少なく、食べ物も不足している。時にはたった一つの缶詰をみんなで分け合いながら、必死で復旧作業に挑んでくれていた。

稲井社は3月25日には工場を再開できる見込みとなった。しかし、ゼライス社は復旧のめどが立たない。

3月下旬。ゼライス社にとって大きな取引先で、東京に本社を置く正栄食品工業株式会社の本多市郎社長がお見舞いに来てくれた。普段は明るく、話し上手な本多社長だが、この時は終始神妙な面持ちで言葉少なに、しかし力強く、

「正栄とゼライスはいつまでも一緒だから」

とおっしゃってくださった。胸がジンと熱くなった。

やがて、全国各地から食料や水、日用品などの支援物資が届くようになり、作業の効率が徐々に上がっていった。

その間に「ゼライスを待っています」という激励の手紙が全国のお客様から届きはじめる。SNSには「ゼライスが売っていない！　もしかして被災したの？」と心配する書き込みがされていると聞いた。そんな全国のお客様の声も、社員が頑張る原動力になったであろう。この場を借りて、あらためてお客様に感謝の気持ちを伝えたい。

●4月

3日（日）。はるばるインドからゼライス社との合弁会社パイオニア・ゼライス・インディア・プライベート・リミテッドのS・アンナマライ氏と、T・アルムガム氏がお見舞いに来てくれた。交通もまだ復旧していない中、「よくぞここまで来てくださった」と感激した。1泊だけされるということだったので、仙台駅の地下のレストランで、ささやかな会食をした。震災後に初めてビールを飲んだ。

あの1杯は、本当にうまかった。

稲井グループの復旧が軌道に乗りはじめると、こちらから各所にお礼に出向くことが増えていった。大規模災害発生時には日本ガス協会が音頭を取り、全国のガス事業者が復旧応援をする仕組みがある。それにより遠方から助けに来てくれた大阪ガス、北海道ガス、山形ガス、盛岡ガス。そのほかにも取引先や関係先であったマルハニチロ、ルスロ、日本ケーブルテレビ連盟……。あげはじめるときりがない。

ライバルメーカーの従業員の有志の皆さんがカンパをして、お見舞金を送ってきてくれたこともあった。人と人とのつながりや、人の温かさというものを再認識する日々だった。

塩釜ガスが落ち着いた11日（月）からは、石巻ガス株式会社に応援部隊を派遣した。

16日（土）、社員の陣中見舞いを兼ねて石巻ガスの青木八洲《やしま》社長を訪ねた時、報道で見聞きしていた以上に変わり果てた石巻の姿に言葉を失った。「我々も被災はしたものの、何か世の中のためになることをしなければならない」という気持ちが生まれた。

21日（木）に、大阪で日本ゼラチン・コラーゲン工業組合の定期理事会が行われた。私は前日の20日（水）に大阪入りし、まずは大阪ガス株式会社に復旧応援のお礼に出向いた。温かく迎えられたうえ「落ち着いたら、大阪の焼肉の本場、鶴橋に行って一緒に焼肉を食べましょうよ」と、同い年の友田泰弘大阪ガス会長秘書からねぎらわれた。この約束は6月9日（木）に実現できた。

その後、日本バルク薬品株式会社の柴田恵種《よしたね》会長と面会。

「稲井さんの死亡説がまことしやかに流れてきて、心底心配した」

と、私の無事と再会を喜んでくれた。しかしにわかに真剣な眼差しになると、

「ビジネスの現場は止まらない。稲井さんの被災は誰かのチャンスになってしまうかもしれない」

と忠告してくれた。

――どんな状況でも、生き馬の目を抜こうとする者はいる。

被災した身にはつらいことだが、それが厳しいビジネスの現実だ。

●5月

当時の稲井グループは、被災企業の象徴の一つとされていた節がある。

列挙すると、5月15日（日）には内閣府の園田康博政務官ご一行が塩釜ガスに来社。20日（金）には東北財務局がゼライス社を訪れ、翌週26日（木）にも国会議員の先生方が30名ほど視察に来られている。

5月も下旬になるとゼライス社の工場敷地内はある程度片づいて外観だけは元の状態に近くなり、「本当に津波に襲われたのだろうか」と思われるほどになっていた。しかしゼライス社が甚大な被害を被ったのは紛れもない事実である。パワープラント（動力装置）はすべて解体撤去。

コラーゲン工場は一部の機器を残してほとんどが使用不可能で、結果的に修復作業は翌年2月6日までかかった。それでも、近隣と比較すると復旧のスピードが群を抜いて早かったのも、これまた事実だった。

当時、まさに渦中にいた社員たちは「復興を信じて、ただ黙々と手を動かしながら、今日、明日、明後日と日を重ねていただけだった」と言う。不安を感じる暇は誰にもなかったのだ。

最新鋭のゼライスの倉庫は、コンピュータでクレーンを自動制御できるようになっていた。しかし、倉庫内に積み上げられていたゼラチンがクレーンを動かす通路に大量に落ちたために、クレーンが動かせなくなっていた。津波によって水をかぶったゼラチンは膨潤して驚くほど重く、そこに流れ込んだヘドロが復旧作業以前の清掃を阻む。とにかく大変な重労働の日々であった。

でも、それもようやく片づいた。

倉庫の通路にスペースが生まれると、とび職の人に足場を組んでもらい、倉庫にある850もの棚のパレットの乱れを手作業で一つひとつ直す作業が続いた。ほぼ毎日、倉庫や工場の機械や設備の業者がなんらかの補修にやってきた。そんな外部の人たちの顔を見るたびに、社員は「皆さんの期待に応えなければ」と感じたとも言った。

水道の復旧に加え、電気の供給再開も遅れに遅れている。私は、毎日各所へ問い合わせの電話をかけ続けた。

電気と水道の復旧がもう少し早ければ、ゼライスの工場もあと1か月は早く操業が再開できたと思うと、今でも悔しさが込みあげる。製造ラインは、6月にようやく動きはじめることになる。自らの復旧作業を進める一方で、稲井グループは被災者の立場ながら社会貢献活動も始めた。このころには被災地全体が「社会のお役に立ちたい」という雰囲気に包まれていたように思う。

5月16日（月）に塩釜市の内形繁夫副市長が急遽《きゅうきょ》来社された。塩釜ガスがネーミングライツ権を獲得し、2010年（平成22年）から「塩釜ガス体育館」という愛称になった塩釜市体育館の駐車場に仮設住宅を建設したいとの申し入れだった。これには二つ返事で快諾した。

その流れで、私のほうからも「ゼライスの仙台若林工場跡地も、仮設住宅に協力できないか」と仙台市に話をし、30日（月）に打ち合わせを行うことになった。

稲井グループ4社の社員で、震災により命を落とした者はいなかったが、友人や家族を失った者はゼロではない。事実、私自身、義母を津波で失い、ひっそりと茶毘《だび》に付している。

塩釜ガスにも悲しい知らせが届いた。

被災直後から私と行動を共にし、ガス復旧のめどが立つまで毎日塩釜ガスに顔を出しては、会社と市民のために尽くしてくれた日野顧問が、5月25日（水）永遠に帰らぬ人となったのだ。

被災直後、トップの私が到着するまで、塩釜ガスの「父」のように社員を支えてくれた存在だった。被災以降ガスの復旧に気を張って尽力してきた塩釜ガスの面々であったが、この知らせを聞くと社内は火が消えたようになった。

●6月〜7月

6月1日（水）、私はシンガポールへ飛び立った。環太平洋地区のゼラチンメーカーによる国際会議に出席するためである。被災からわずか3か月での海外出張となったが、こういう時にこそトップは元気な姿を見せる必要があると考えている。それにもし、この会議に出ないとなると、ますます妙なうわさが広まるだろう。

実際に、この会議で今後のゼライス社の復旧予定を具体的に話したことで、震災直後に広まったゼライス社への不安は一掃された。

ただ、日本では大災害が起きたにもかかわらず、海外では何事もなかったかのように普通の生活が営まれており、日本のことなど、さほど気にもしていないという現状に被災地とのギャップを感じ、正直戸惑いを覚えた。

世界とのギャップを痛感させられたことがもう一つあった。それは、原発事故に伴う放射能の風評被害である。

東日本大震災で福島第一原発がメルトダウンを起こし、「日本列島は放射能に汚染されている」という誤解が、この時の世界の共通認識だったのだ。

ゼライス社は、震災前より中国や韓国にかなりの量のコラーゲン・トリペプチドを輸出していた。震災後は西日本の委託先に依頼し、なんとか製品の供給を続けていたが、時間の経過と共に風評被害でその数が激減しはじめていた。

相変わらずお礼とあいさつ回りも続いている。7月1日（金）には地元出身で仙台市立五橋《いつつばし》中学時代の同級生である島尻安伊子《あいこ》参議院議員（当時）が、たびたびお見舞いに訪れてくれた。

●8月

夏も盛りを迎え、暑い日々が続いている。

2日（火）、韓国ニュートリー社のキム・オドン社長が来社され、こう切り出した。

「韓国では原発事故による風評被害が深刻で、日本製のコラーゲン・トリペプチドを受け入れることができません。なんとか台湾の工場での生産をお願いできないでしょうか」

ニュートリー社の売上に占めるコラーゲン・トリペプチドの製品の割合は相当なものである。これが販売できないとなるとニュートリー社にとっても死活問題だ。頭脳明晰で人柄もよく、信頼できるキム社長がこのように頼んでくるということはよほど大変な状況なのだと理解した。

それを受け、ゼライス台湾のアレックス・H・Y・カオ氏と、パイオニア・ゼライス・インディア・プライベート・リミテッドのS・アンナマライ氏と協議を行った。最終的には、ゼライスグループトップの私がお願いする形で、台湾におけるコラーゲン工場建設の話をまとめあげた。

ゼライス社の初期復旧はある程度進み、本格的な建物設備の復旧に取りかかるタイミングが来た。わずか2年前、２００９年（平成21年）に完成したばかりの工場にまた投資し、同じ物を作らなければならない。どんなに悔しくても、泣き言を言いたくても、一刻も早く工場を復旧し、製品を作らないことには何も始まらない。

● 9月～12月

日々、交渉と復旧作業が続く。

七十七銀行とは、夏以降、公式なものだけでも12回のミーティングを行った。日本政策金融公庫ともほぼ同様の回数でこれを行っている。この地道な交渉が実を結び、日本政策金融公庫から融資を受けられることが11月８日（火）に決まった。

12月26日（月）、金融庁が来社された。年も押し迫った27日（火）、中小企業等グループ施設等復旧整備補助金の交付も決定した。これにより、主だった建物設備の復旧のめどが立った。

ゼライス社単独での借入金は震災前の売上高の２倍に膨れ上がる一方、売り上げは震災前の半分にまで減少していた。

第6章

大災害からの復興、そしてコロナ禍の到来

●2012年（平成24年）

◇戻りつつある日常

年が明けてからは、中小企業等グループ施設等復旧整備補助金の交付日も確定し、建物設備の復旧作業も突貫工事で進んでいる。春ごろには主だったものが完成し、委託していた先から生産を戻す作業が始まった。

壊滅的だったゼライス社の設備の中でもゼラチン工場は比較的浸水が浅くすんだが、それでも震災から1年経過した時点で施設の半分は動かなかった。しかしながら、自社の工場で生産を再開できる喜びはあった。だが、わが社が生産を止めていたこの1年間、ライバルが黙っている訳もないのは火を見るより明らかだ。ゼライス社の生産再開を聞きつけ、取引先企業に大幅な値下げを提示したところもあったらしい。それに加えて、あの原発事故だ。再納入を決断いただけない理由には、原発にまつわる風評被害も大きかった。

東北地方の多くの企業と同じように、ゼライス社もまた、この時点では震災前の6割程度しか売り上げを回復することができなかった。

◇母校の卒業式へ

母校・慶應義塾大学では、卒業して25年目と50年目の節目の年を迎えた塾員（卒業生）を大学に招く「塾員招待会」が例年開催されている。それぞれ25年目の塾員は卒業式に、50年目の塾員は入学式にも招待されるのだ。

卒業して25年となった私は、この年の3月23日に日吉キャンパスのシンボル「日吉記念館」で行われた大学の卒業式に招かれた。塾員招待会は、大規模同窓会のようなものだ。懐かしいキャンパスを訪れ、自分の成長や人生を振り返り、若き日に切磋琢磨《せっさたくま》した仲間たちと互いの健闘をたたえ合う。この日をある種のマイルストーンに精進を重ねる塾員も多い、卒業後の塾員の一大イベントだ。

そんな特別な日なのだが、２０１１年（平成23年）は震災のため卒業式が中止になってしまったらしい。私自身、もし前年に招待されていたとしても、震災で出席どころではなかっただろう。この1年の辛苦を思うと、今日のこの場にいられることは奇跡のようだ。

――今日の参加者にも、それぞれ格別な思いがあるのかもしれないな。

そう思いを馳せていると、若かりし日々がよみがえってきた。

在学中の私は、当時の慶應義塾塾長であった石川忠雄教授のゼミに所属し、中国政治史の研究に夢中になった。この時の研究は中国にゼライス工場を進出させる際に大いなる武器となり、

「中国人よりも中国に詳しい」と現地の人から称賛された。商談の場にもかかわらず、毛沢東の生涯について中国側から質問される珍事が起きたほどである。

ゼミでは、私の論文の提出が一番遅かったらしい。卒業式間際の卒論試問では、石川先生の広尾の自宅に足を運んだ。何を聞かれてもよいように、ボストンバッグ二つに資料を詰め込んでの訪問だ。しかし、卒論には一切触れられず、社会人になるにあたっての心構えの話に終始した。

また石川先生とは、こんな思い出もある。卒業から5年後、東京ガスを退社して離京のあいさつに伺った時、「宮城でケーブルテレビをやります」と報告すると、石川先生はこう言った。

「どんな大企業でも、始まりは全部ベンチャー企業だ。頑張りたまえよ。

もし、誰か他人に『君の負けだ』と言われることがあっても、自分自身が『負けていない』と思ったらそれは本当の負けじゃない。本当の負けというものは、自分自身で『自分は負けた』と思った時なのだよ」

先生のこの言葉はいつも私の心の片隅にあり、その後の人生を支えてくれている。

昔のことをさまざまに振り返っているうちに、式次第は塾歌斉唱に進んでいた。

「塾歌」とは、慶應義塾の校歌のことである。青春の象徴でもある塾歌を歌えば、勉学に勤しんだ日々、そして今につながる友情を育んだ友や恩師との時間が走馬灯のように浮かんでくる。そして被災して以降の過酷な1年間が、まるで夢か、どこか遠くの出来事のようにすら思えてくる。

日吉記念館のホールには、これから社会に旅立つ希望にあふれた青年の声と、25年前を懐かしむ壮年の声が交じり合い、力強く響き渡っていた。自分自身も歌いながらそのハーモニーに身を委ねていると、不覚にも目が潤んだ。そして石川先生のあの言葉が思い出された。

人生の苦難に遭遇した時に、それに負けたかどうかを決めるのは、他者からの評判でも評価でもない。自分自身の心だけだ。

「もう一度、頑張ろう。僕はまだ負けてはいない」

つらい時には、何よりもこういう場に元気づけられる。

体の中に新たな活力が湧いてきた。

◇前例のない復興公営住宅への取り組み

5月には、旧仙台工場跡地の「定期借地権設定契約」を仙台市と締結した。当初は仮設住宅を建設する予定であったが、後に災害公営住宅の建設ということで話がまとまった。この調整には長く時間を費やしたが、仙台市がゼライス社から52年間借地し、その上に公営住宅を建てるという過去に前例のない取り組みが始まった。

施工社である大和ハウス株式会社仙台支店の丸山滋氏がこう話してくれた。

「ゼライスさんには、本業のほうも大変な状況でしたのに、よく災害公営住宅の建設にご協力いただけたと思います。また仙台市とゼライス、そして大和ハウスという行政と民間が一つの目標に向かって進むことができたのは、仮設住宅に住まわれている方々のために1日でも早く建設しなければならない思いで団結したからにほかなりません」

復興は各所で、それぞれのペースで、少しずつだが確実に進んでいくのだ。

◇オランダ工場の失速と台湾コラーゲン工場の完成

仙台市との定期借地権設定契約が済んでも、ほっとしている暇はなかった。実は、オランダの工場があまりうまくいっていなかったのである。現地のメインバンクであるRaboBANK《ラボバンク》から、オランダに来るよう至急の招集がかかっていた。原因は当時の現地トップのマネージメント能力不足にあるのだが、この結果の責任はすべて社長以下の経営者にある。「震災の後始末で多忙を極めている」という現実は、経営不振の理由にはならないのだ。ラボバンクからは、

「これから3か月以内に改善が見られない場合、銀行として強硬な手段を取ることもあり得る」

と告げられた。

さっそく役員会を開催し、現地トップは即刻解雇。立て直しを図った。その後、台湾勢からのテコ入れもあり、業績は徐々に改善は見られたものの、新しいトップもこれまた今一つといった人材で、1年も経たずに解雇する始末であった。

結局オランダ工場が軌道に乗るのは2013年（平成25年）からだ。しかし、それ以後は高収益体質を継続し、2度の工場拡張の結果、今では欧州屈指のゼラチン工場へと成長している。

このオランダ工場訪問のあと、ゼライス台湾のアレックス・H・Y・カオ氏と、パイオニア・ゼライスインディアのS・アンナマライ氏、そして私の3人で欧州某所のゼラチンメーカーを訪ねている。目的はその工場の買収の可否であった。

オランダ工場が紛糾しているというのに、一方で買収案件のビジネス。

――世界を股にかけるビジネスマンは、タフでなければ生き抜けない。

カオ氏とアンナマライ氏のバイタリティに元気をもらった。

一方、9月22日、韓国ニュートリー社のキム社長の緊迫した状況から建設の運びとなったゼライス台湾のコラーゲン工場が完成した。台湾第2の都市、高雄市近郊にできた工場の総敷地面積は約1万坪。うち279坪をコラーゲン工場が占めている。最新設備を整え、年間1000トンのコラーゲン生産が可能だ。計画承認からわずか1年という異例の早さでの完成だった。

――これで韓国への輸出には問題がなくなった。

台湾のスタッフには心から感謝した。

●２０１３年（平成25年）

◇危機前夜

海外工場が好調になる一方、日本のゼライスは販売に苦心していた。私の個人の資金を出し入れすることでなんとかやりくりしていたが、２０１２年（平成24年）の終わりごろから、会長である父 善孝にも頼まざるを得ない状況になっていた。

外から見ると順調に復興しているように見えるゼライス社が、内部は困窮を極めていた。だがこれはまだ、危機前夜に過ぎなかった。

◇面従腹背

年が明けても売り上げの回復の兆しは一向にない。特に、地道にコツコツとしたお客様回りが重要となる主力製品の小口商品がおかしい。復活するどころか、減少傾向にすらあった。この点について営業部長と話しても、報告内容は悪くない。しかし、いつまで経っても数字がついてこないのだ。私も自ら主要取引先である正栄食品の全支店を回ってお願いした。それでも社内の歯車が何かかみ合わず、現場の士気がどうもおかしい。

この答えは簡単だった。私が売り上げについて確認すると、

「私を筆頭に、社員は皆社長を信じて死に物狂いで頑張っています。結果はもうすぐ出てくるでしょう」

「取引先は『すぐにゼライスとの契約に戻す』と言ってくれています。もう少しの辛抱です」

「ゼライスの商品力、信頼度は抜群です。間もなく売り上げに反映されるに違いありません」

と、いつも肯定的な報告をしてきた営業部長だったが、身近にいる部下には、

「原発事故でゼライスの信頼は地に落ちた」

「客先の『必ず戻す』なんて言葉を信用しているのか？　相手の口車に乗っているようじゃ、営業マン失格だ」

「正直、ゼラチンなんてどこの会社も大差はない。いったんライバルメーカーに変わった取引先がわざわざゼライスに戻してくれるはずがないだろう？　お前の頭はお花畑か」

などと否定的なことばかりを繰り返し言っていたという。面従腹背の典型であるし、令和の現在ならモラハラ・パワハラで訴えられかねない。

それに加えて震災直後、社員が一丸となって、なんとか会社を持ちこたえさせようと必死で外回りをしている時も、

「給料を取りっぱぐれる前に、早く次の仕事先を探したほうがいいぞ」

などと会社を見限ったような発言をし、自らも新たな職探しをして業務に本腰を入れていな

かった様子もある。

上長がそんなふうでは、部下が不安に駆られるのは自明の理。自信を持って営業ができなくて当然である。加えてハラスメント行為も行われていたのでは、現場の士気など上がりっこない。震災から2～3年間という売り上げ回復に向けた最も大切な時期に、このような人物が営業のトップにいたことは会社にとって大きな不幸だった。震災翌日、多くの社員が私の無事を案じてくれていた時、携帯電話の着信表示に私の名前が出たのを見て、安堵するどころか「戸惑った」と不意に口にしたこの営業担当者に対する違和感が、数年後、最悪の形で表れてしまったのだ。

◇**老舗企業の自浄作用**

夏を過ぎると、それまで同情的な雰囲気だった世論も空気が変わりはじめた。

金融機関はとりわけ顕著である。しかし稲井グループ、中でもゼライス社にはまだまだ復旧を必要とする設備が残っていた。あらゆる震災関連の支援措置を探し回り、七十七銀行の紹介で大和企業投資株式会社が主導する復興ファンドに融資をお願いすることになった。それでもまだ全面復旧には費用が足りない。

加えて売り上げが予定通り回復して来ないのだから、資金繰りがますます大変になってきた。社長、会長からの貸し付けにも限界が見えだしてからは、まだ余裕があるグループ会社にも支援を要請した。グループ会社といってもすべて社長は私ではあるが、仁義を通し、その都度役員会を開いて賃貸借の契約書を交わしていた。

そんな厳しい日々を送っていたある日のことである。経理部長がいきなり社長室に入ってきた。面食らっていると、

「もう何をやってもダメだから、会社を売りましょう」

と、平然とのたまったのだ。しかも、そんな大事なことを経営トップに進言するにもかかわらず、ポケットに手を突っ込んだままである。

会社のお金を預かっている経理担当者の中には、会社のお金を自分のお金と勘違いしているようなやからが少なからずいる。最悪のケースになると、莫大なお金を扱うことによって、自分が会社のトップになったように錯覚する。震災での心労や、上がらない業績に心がすさんでいたと考えるべきか？　いや、被災直後の略奪行為と同様だ。本当に追い詰められた時にこそ人の本性があらわになることは、震災で思い知らされていた。経理部長もここにきて、隠し続けていた己のしっぽをついに出したのだ。

さて面従腹背の営業部長と経理部長はその後どうなったか。

実は、自然と会社から去っていった。

こういうよからぬ社員の言動を、身近にいる社員は見ている。事実、当時の営業部長の造反と

もいえる就業態度については、営業部員からのリークのような形で露呈している。

日本は、労働者の権利が強く守られているため、どんなに反抗的な従業員であっても、それを理由に解雇することは不可能に近い。経営陣にしてみれば、「そんな態度を取るくせに、なぜウチの会社で働いているのだ」と言いたくなるところだが、それでもこういう人物に限って、会社を辞めることはなかなかないのだ。しかし、相変わらず文句を言うことはやめないから不満もたまる。特にこちらが気にとめなくても、いつしか「こんな会社辞めてやる」とでも言わんばかりに自らの意志で去っていくのだ。

この現象を、私は「老舗企業の自浄作用」ととらえている。トップが引導を渡さずとも、反乱分子はいつの間にか消えていく。これこそ、稲井グループ119年の歴史がなせる技とでもいうべきものだろう。何も稲井グループに限った話ではない。老舗と呼ばれる企業にはこういった自浄作用が働くのだ。それこそが長い年月をかけて老舗企業が培った底力であり、すばらしさだ。

◇豊田喜一郎社長のように

6月25日、私は七十七銀行の大きな会議室にいた。

銀行やリース会社等の金融機関に返済猶予をお願いするためである。

経済界では有名なエピソードだが、1950年（昭和25年）、金融政策「ドッジ・ライン」の影響で倒産危機に陥ったトヨタ自動車の豊田喜一郎社長（当時）は、日本銀行名古屋支店で銀行団を前に救済を願い、深々と頭を下げたという。豊田喜一郎氏はトヨタグループの2代目だ。当初は紡織機メーカーであったトヨタを自動車産業に参入させ、今のトヨタ帝国の礎を築いた人物である。その喜一郎氏ですら、時代の波に翻弄《ほんろう》され融資を断られ続けた過去があったのだ。当時を知らない若い人でも、この話はご存じだろう。私もその姿をテレビか何かで見た記憶がある。

規模の差はあれども私の状況はひどくそれに似通っていた。

おそらく、私がこうしていることを当時の社員は誰も知らなかっただろう。しかしあの時、私の脳裏には、社員一人ひとりの顔が確かに浮かんでいた。

会社を愛し尽力してくれる社員のために雇用を守る。信じて待っていてくれるお客様のために会社を守る。そう決めたのは自分自身だ。今はただひたすらに銀行団に頭を下げ、返済猶予を乞うことしかできない。私は頭に浮かぶ社員たちに誓った。

——絶対になんとかする。

心の底から強い決意が湧き上がってきた。

◇「ゼライスタウン」タウン開き

この時期の震災関連の事項を時系列で列記する。

・6月6日
震災後、それまで外注せざるを得なかったゼライス社の検査機能を自前ですべく、三菱商事財団の復興支援制度に復興支援の要請をした。7月26日に契約を結び、12月9日に検査分析センターを全面復旧することができた。
・9月25日
旧仙台工場跡地に建築する復興公営住宅（災害公営住宅）の設計が猛スピードで進められ、地鎮祭が執り行われた。
・10月15日
稲井社のフィッシュミール工場を新設すべく、第三回塩釜市水産業共同利用施設復興整備事業に応募し、補助金の交付申請を行った。
・10月25日
復興公営住宅（災害公営住宅）に隣接する商業施設「ゼライスタウン若林」のタウン開きが、インド、台湾、中国から関係者を招いて盛大に行われた。「ゼライスタウン若林」にはスーパーマーケットを中心に、ドラッグストア、日用雑貨販売店、飲食店や理容店、コインランドリーなどの店舗が並び、ゼライスのアンテナショップ「ゼライスショップ」も入居している。
・11月
この年に行った正栄食品全支店回りに関して、同社より感謝の表彰を受けた。

●２０１４年（平成26年）

◇いまだ復興進まぬゼライス社

２０１４年（平成26年）も、ゼライス社の業績はなかなか浮上せず、私にとっては心労の重なる1年となった。一番の原因は不採算銘柄の整理が遅れているためである。そのため「売り上げがたとえ減っても、赤字を垂れ流す製品は売らない」ことを徹底させた。ただこの成果が実を結ぶのは翌年になってからのことである。

３月25日には、復興公営住宅の竣工式が奥山恵美子仙台市長（当時）出席の下で行われた。竣工式の模様は地元のローカル局のニュースで流されたそうだが私は見ていない。そんな心の余裕が、もはやこれっぽっちもなかった。

次いで27日には、住民への引き渡し式が行われ、その日のうちに仮設住宅からの引っ越しが始まった。こちらはたまたまニュースで目にすることができた。

テレビの中では、日当たりのよいベランダに小さな子どもが顔を出し、目の前の広瀬川の景色を眺めてはしゃいでいる。この映像を見ると「少しは世の中に貢献できたんだな」と感じ、目頭が熱くなった。

軌道に乗りはじめたゼライスオランダ工場は、この年に拡張している。経営的にはかなりてこずったオランダ工場ではあったが、このころからはすべてうまく回り出した。

製造工場というものは工場を作るまでも大変だが、完成後も大体4～5年は、ヒト、カネ、品質の問題等で落ち着くことはない。そして、ゼラチンの工場はそれが顕著に表れるような気がしている。新しい設備や、機械に対する習熟度を向上させ、人材が育つのを待たねばならない。だが、いったんそれらが落ち着いてくると、それまでの不調がなんだったのかというくらいに面白く回り出すものなのだ。

オランダ工場は、ゼライスグループにおける世界最大規模の工場となり、ゼラチンの年間生産能力は４５００トンに拡大した。この竣工式には、会長の善孝が夫妻で参加した。

12月14日、読売新聞に「コラーゲン・トリペプチドが膝痛を緩和する」という記事が掲載された。これによって通信販売の電話回線は、翌年２０１５年（平成27年）の春まで鳴りやまず、うれしい悲鳴に包まれた。

しかしそれでもなお、ゼライス社の資金繰りは苦しいままである。

◇未来に進みはじめる3社

塩釜ガスと宮城ケーブルテレビは、すでに復興後を見据えた動きを始めていた。２０１６年

（平成28年）には電力の小売り全面自由化が始まり、2017年（平成29年）には追随してガスも自由化されることが決定していた。インフラ市場の顧客争奪合戦が始まるのだ。

これに応戦すべく、ガスとケーブルテレビ・通信事業を融合させ、多角化でのサービス提供を決めた。まず、塩釜ガスはインフラとして重要な「水」を業務に取り込み、宅配水「うるのん」のサービスを開始。続いて家事代行サービス「家事玄人《くらうど》（現　カジタク）」を展開した。

塩釜ガスが先陣を切ると、東京ガスや大阪ガスなどもこれに追随し、同様のサービスを開始している。塩釜ガスはこの後さらに、家電の販売などの業務を拡大していった。

10月23日、稲井社のフィッシュミール工場の地鎮祭が執り行われた。

「新しく工場を建てるくらいなのだから、本当はお金があるのではないか？」

そう思われる読者もいるかもしれない。その巧技は、もう少しあとでご紹介しよう。

●２０１５年（平成27年）

◇絶体絶命

悪夢のような1年がスタートした。

すでに、私の資産と呼べるものは、自宅とアパートの不動産くらいである。1月5日には、これらをとうとう塩釜ガスに売却した。

3月にはオランダ工場のあるオランダ・エメン市の副市長や日本大使館ご一行が来社されるなど、華やかな話題もあったが、その一方でゼライス社に関しては銀行も「もはやお手上げ」状態だった。七十七銀行からは、地域経済活性化支援機構（REVIC）を紹介されてしまった。REVICは、かつてＪＡＬが倒産した時に支援と再生を担い、復活させた組織である。

REVICの再生パターンにはいくつかあるが、最悪の場合、私がゼライス社を手放すことになる。REVICとは何度も協議を重ねたが、そのシナリオで進む可能性が高い状況であることが理解できた。

一縷《いちる》の望みとして、東日本大震災支援機構を頼る方法もあったが、これを利用するには営業利益がプラスであることが条件である。つまり、本年の決算が営業利益で黒字に転換しない限り、REVICによる支援――私の立場から見ると「稲井グループの完全解体」――が待ち受けているのである。

絶体絶命の窮地に立たされていた。

◇土地と資金の有効活用

4月28日、多賀城市の菊地健次郎市長（当時）から私宛てに面会の申し込みがあった。

多賀城市は震災でも証明されてしまったように水害対策が喫緊の課題だ。その整備のために「砂押川に面した多賀城工場の土地を売って欲しい」というのである。こちらに断る理由はない。実は、２０１３年（平成25年）にも大和物流株式会社から多賀城工場敷地内に倉庫を建設したいという相談があり、一部の土地をバイバック（買い戻し条件）つきで売買契約を締結していた。このような土地の売買で、何とかゼライス社は持ちこたえていたが、REVICとの話し合いは膠《こう》着《ちゃく》状態。依然として進展がない。

一方、塩釜ガスの旧本社工場は、宮城県の道路拡幅政策により売却することが決まっていた。本社も合わせて移転が必要になる。まとまった土地として残っていたのが、かつてアイテム社から引き上げた稲井社所有のマリンゲート塩釜前の土地だ。「津波のかぶった場所にガス会社を移転するのか」という意見も社内からは出たが、ほかに市内にまとまった土地がない。災害対策をしたうえで、ここへの移転が決定した。

そのころ稲井社では、フィッシュミール工場を建設中であった。稲井社が塩釜ガスに土地を売却した代金を、フィッシュミール工場の建設代金に充当したのだ。これが先に述べた新工場建造における資金調達の巧技である。こうしてグループ内で資金をやりくりしながら、11月にフィッシュミール工場の落成式を行うことができた。

その時に参列した方々からは、「これからは雑魚を海に返さず、魚市場に揚げられる」と喜ぶ声や、「高たんぱくの養殖魚用ミールも供給してもらえないか?」といった期待の声が挙がった。

これを聞いて喜んだのは何といっても稲井社の社員たちであろう。インフラの会社でもなければ、ゼライスのような世界的な知名度のある商品もない。しかし、稲井社は稲井グループのすべてのスタート、大元だ。

「自分たちも世の中に役立つ仕事をしていると思えました」

そういう社員の声を聞いて、私もまた元気になった。

◇事業継承のスタート

年末を迎えた。

12月8日、東京電力への原子力損害賠償請求のため、榎木智浩弁護士が初めて来社された。足かけ7年におよぶ訴訟が始まったのだ。

また、山田ビジネスコンサルティンググループで、被災直後からしばらく一緒に行動をしていた野口氏から提案があり、稲井社の株価が低いうちに父 善孝の所有する株を私に移すことになった。それまで稲井社の株式は父がほぼ100%所有していたが、急ぎ株価を評価してもらい、67%分を私に譲渡してもらった。譲渡といっても3月末までに贈与税を支払わなければならない。

それは、それなりに相当な額になる。

徹頭徹尾、お金のことで悩ませられた1年であったが、最後によいことがあった。12月25日、長男が県内屈指の難関校である国立宮城教育大学付属中学校に見事合格したのである。明るい未来を予感させるにふさわしい、よい知らせだった。

●2016年（平成28年）

◇本格再始動の幕開け

2015年（平成27年）の決算で不採算銘柄の整理が終わり、ゼライス社はとうとう黒字転換を果たした。

実はこの少し前に、こんな出来事があった。

同年、仙台で行われるG7財務大臣・中央銀行総裁会議に合わせて、財務省の田中一穂事務次官（当時）が被災企業の現状視察でゼライス社を訪れたのである。被災企業の現状や生の声を聞きたいと東北財務局長以下5名を同行し来社された。

私は正直に現状を伝えた。

「津波で甚大な被害を受け、二重ローンが大きな負担になっている」

「津波で被害を受けた分を正当に評価いただき、国の制度に則って買い取りなどのご対応をいただきたい」

工場見学を終えて事務所に戻るまで、曇天の下、敷地内を歩く事務次官と私の姿を遠くから見ていた人々は、和やかに親しく、何やら楽しそうに話していると眺めていたという。

正直、その時に事務次官と何を話したのかはっきりと覚えてはいない。しかし、この窮状は決して怠慢から生じたものではなく、未曾有の災害による不運の連鎖だということが伝わったのではないだろうか。なぜなら事務所前で見送りのあいさつをする私に事務次官が、

「状況はよくわかりました、しっかり対応させていただきます」

と、心強い言葉を残して去っていったからである。

ほどなく東日本大震災支援機構との交渉が始まった。

振り返ると、田中事務次官と話したあの日から状況が一転したように思える。

2月19日に東日本大震災事業者再生支援機構を訪れ、それから幾度にもわたる交渉が始まるが、そのころには七十七銀行内部の「ゼライス社はREVICへ」という声も鳴りを潜めていた。

財務省は財務省なりに、国の支援制度が適切に遂行されているかどうかを監督指導する立場にあったのではないだろうかと推測している。財務省、金融庁、そして金融機関の間で何があった

のかは、当然知る由もない。

ともかくこうして、ゼライス社にも復活の兆しが見えてきた。

◇運気の潮目

復活の兆しが見えた直後に、私は「無一文」になった。稲井社の株を譲り受け、それに伴って贈与税を支払ったからだ。奇しくも支払日は3月11日だった。

これから大学に進学する子どもたちを抱えているというのに、預金通帳は残すところ数十万円。それでも開き直り一家の大黒柱として平然とした顔のまま、次の給料日までやり過ごすしかない。

春休みだ。

私は、家族をどうにか奈良旅行に連れて来ていた。

長女に誘われて春日大社に参拝した時のことである。体の正面から空気銃で撃たれたような衝撃を感じ、少し後ろによろけた。確かに何かが体にポンッと当たったような、「ストライクで入った」という感覚があった。そんな私を長女は「どうしたの？」という顔で見ている。

正直、私はあまり信心深い方ではない。しかしながら、

——これで、祓《はら》い清められたような気がする。

なんとなくそんな実感があった。

◇復活の足音

10月21日。塩釜ガスの新社屋が完成し、1階に設置した多目的ホールで盛大な式典を行った。このころ宮城ケーブルテレビ社では格安スマートフォンのサービスを開始し、かねてより取り組んでいた多角化が形を見せはじめていた。

この社屋には宮城ケーブルテレビも入居し、多角経営の戦略拠点として大型コールセンターを開設した。最初は各社で電話応対を行うが、将来的には互いの商材を連携し、よりサービスを強化するのが目標である。当時のガスエネルギー新聞の取材に、

「新規事業には人材が必要。『あのような場所で働きたい』と思ってもらえるように、施設にもこだわりました」

と答えた。市道から見上げると、レンガ造り風の外観を持つ社屋の2階。ここは三方がガラス張りになった社員食堂で、「社員レストラン」と命名している。値段も安く、飲食店に負けない味だと社員からの評判も上々だ。「健康のために、ここでは必ず生野菜を取れ」と冗談めかした社長命令も下している。

この社屋は、ただ外観にこだわっただけではない。被災経験を生かし、電気系統はすべて2階に集中。水や燃料の備蓄のほか、地域の方の避難場所として社内を開放できるよう設計した。自

家発電装置はもちろん、大型の給湯器も設置し、防災拠点として徹底的に作り込んだのである。

12月26日、10か月にも及ぶ交渉の結果、そして七十七銀行の絶大なご協力があり、とうとう東日本大震災支援機構がゼライス社の抱える二重ローンを買い取ってくれた。これによりゼライス社の財政は劇的に改善。継続して利益を出せる体質に戻ったのだ。

さらに翌日27日には、コラーゲン第2工場の建設補助金の交付が確定した。

●2017年〜2018年（平成29〜30年）

◇奇跡の「レ」字型回復

2017年（平成29年）は、東日本大震災支援機構と七十七銀行の氏家照彦頭取に二重ローンを買い取っていただいたお礼から始まった。

明らかに今までと違うムードが稲井グループに漂っている。

6月には、ゼライス社の環状ジペプチドの研究に、NEDO（国立研究開発法人 新エネルギー・産業技術総合開発機構）の補助金交付が決定した。

各社の多角化もさらに加速を見せはじめていた。

宮城ケーブルテレビは電気、塩釜ガスは水道と灯油事業を開始。高齢化社会を見据え、各家庭に入ってサービスを行うインフラ事業と親和性の高い「高齢者見守りサービス」もスタートした。

２０１５年（平成27年）にスタートさせた「いんでガスポイント」も好調だった。「いんで」とは、宮城地方の方言で「いいんじゃない」「いいね」というニュアンスを持つ、明るく前向きな言葉だ。宮城の方言は文末に「〜がす」がつく傾向があり、それもかけたネーミングである。

いんでガスポイントは、各サービスを利用することでポイントがたまるシステムで、近隣のガス事業者である古川ガス株式会社もアライアンスに加わってくれた。今後、他業者の協働が広がることで、ユーザーの利便性も広がっていくことを期待している。

東京電力との原子力損害賠償問題については、原子力損害賠償紛争解決センターと一部和解はしたものの、弁護士の榎木智浩先生が「どうしても納得いかない」と訴訟を起こすことになった。

年の瀬になり、オランダ大使から招待を受けた私は、妻と参議院議員（当時）で中学時代の同級生だった島尻安伊子先生と３人で東京芝公園にあるオランダ大使館を訪れた。当日は大変美味なオランダ料理ですばらしいもてなしを受けた。数年前には考えられないような華やかな光景であった。

そして12月26日には、次男が長男に続き国立宮城教育大学付属中学校に合格した。

この知らせを聞き、2年前のように、翌年にも何かよいことが続く予感がした。

◇グローバル展開がゼライス社を助ける

私の予感は大当たりだった。

東京電力から一部和解金を受け取ったのだ。これをきっかけに稲井グループの勢いにさらに拍車がかかる。実は2012年（平成24年）に、日本国内のバルクゼラチン（業務用ゼラチン）、コラーゲンペプチドの販売に特化するために、合弁会社ルスロゼライス株式会社を設立していた。しかしコラーゲン第2工場が完成したことを受け、合弁会社は一定の役割を終えたと判断し、円満解散となった。合弁会社で社長を務めた岡田賢治氏は、信頼のおける営業トップとして、ゼライスの営業本部長にお迎えした。

オランダとの関係も極めて良好で、春には日本大使館のレセプションに招待された。エメン市で開かれた9月のオランダ第2工場拡張落成式にはエメン市長にも参列いただけ、翌月にはエメン市長とブレンダ州副知事、日本大使御一行がゼライス社に来社された。その足で皆さんが塩釜市役所を表敬訪問され、大歓迎を受けている。稲井グループがつないだ縁だと思うと非常に誇らしい気持ちになる。

このエメン並びに塩釜での行事には会長 善孝夫妻も参加したが、善孝にとってはこれが最後の海外出張となってしまった。オランダでは仕事以外で善孝はほとんどホテルの部屋から出なかった、いや、もう出られなかったのである。

ゼライス、コラーゲンの売り上げは好調に推移し、秋にはアメリカでの展示会に初めて参加するなど、今後のグローバルな販売展開の基礎を作った。

２０１８年（平成30年）、ゼライス社は創業以来最高となる経常利益を記録した。ようやくゼライス社本来の力が発揮され、奇跡の「レ」字型回復を果たしたのだ。

◇ゼライス社の新プロジェクトスタート

震災で休止状態になっていた「ゼリーの街 仙台」プロジェクトも、２０１８年（平成30年）8月に新展開を迎えていた。

そもそも、「ゼリーの街 仙台」のプロジェクトとは何なのか。

これは、２００７年（平成19年）と２００８年（平成20年）の家計調査（総務省）で、仙台市の1世帯当たりのゼリーの年間購入費が、全国の都市の中で最多であったことに端を発する。

これを受け、ゼリーの原料メーカーであるゼライス社が発起人となり、「ゼリーの街 仙台推進協議会」を設立しようと、お菓子に関わりのある組合・団体・企業に呼びかけたのだ。

協議会では、仙台・宮城における「ゼリーを食する文化」を見直し、他県、他都市からの集客を増やすことを目的に据え、そのための施策として「ゼリーの街 仙台」の認知度向上と、ゼリーの消費意欲を喚起できるよう、また新しい仙台名物を生み出せるよう「ゼリーメニューコンテスト」を実施した。

単なる自社製品のプロモーションではなく、市民が大好きなゼリーを軸に「仙台市を全国にＰＲしよう」という呼びかけは、多くの団体の心を動かした。仙台観光コンベンション協会やＪＡ仙台、東北芸術工科大学など12団体がこれに賛同し、奥山恵美子仙台市長（当時）を応援団長に迎えた官民学共同プロジェクトとなったのだ。

２０１０年（平成22年）には「ゼラチン・ゼリーの日」である7月14日を挟んだ7月10日～16日をゼリーウイークとし、大々的にメニューコンテストを開催した。

7月14日が「ゼラチン・ゼリーの日」とされたのは、フランス革命の日に由来する。ゼラチンがフランス菓子やフランス料理によく使われていることから、この日を「ゼラチン・ゼリーの日」と制定するに至った。この制定は、２００5年（平成17年）に日本ゼラチン・コラーゲン工業組合が主導で行ったものだ。当時、同組合の理事長であった私も尽力した。

ゼリーメニューコンテストの審査基準は、「仙台らしさ・宮城らしさを盛り込むこと」。この取り組みは、ゼリーの販売促進という小さな目的のために行っているのではなく、宮城の地産地消意識を盛り上げ、地元のセールスに結びつけるためのものだからだ。

このコンテストから新たな仙台名物が生まれることを目指し、「長く続くプロジェクトにしよう」と、携わった誰もが心に思い描いていた矢先に震災が発生。それどころではなくなってしまっていた。

そのプロジェクトがようやく再始動するのだ。

ゼライス社は、2018年（平成30年）に仙台白百合女子大学人間学部健康栄養学科の学生との産学連携で「みやぎ『杜の果実』」と名づけたゼリーを発売した。

厳密に言うと、これは仙台を拠点に宮城県で展開する藤崎百貨店の声がけで始まった「仙台ご縁」という「ゼリーの街 仙台」とは異なるプロジェクトから生まれた商品である。

利府町《りふちょう》産の梨「長十郎」、柴田町《しばたまち》産のユズ「雨乞《あまご》の柚子」、山元町産のイチゴ「もういっこ」という宮城県産の果実のみを使用し、ゼライス社が製造販売した「みやぎ『杜の果実』」は、初年度は見事完売。翌年には、加美郡《かみぐん》産のりんご「ふじ」もレパートリーに加わり、2023年（令和5年）4月現在、仙台の老舗 藤崎百貨店お中元の売り上げ6年連続1位を記録している。地元の人が誇る名物として認識された証しだ。

●2019年（平成31年／令和元年）

◇ゼライス社の再興

２０１９年（平成31年）１月23日。消費者庁にコラーゲン・トリペプチドの機能性表示食品の届け出が受理された。これによりゼライス社は、「膝関節の違和感を軽減する機能がある」とうたうことができるようになった。

私個人にとってもうれしい知らせが続いた。翌24日には長男の高等学校の合格、３月には長女の大学合格とおめでたいことが続き、新しい年度の幕が明けた。

「摩擦音ケアに ひざ年齢®」は、６月の発売当初から徐々に売り上げを伸ばしていたが、10月に入ってテレビ朝日のワイドショーで全国放送されて以来、生産が追いつかず、一時期欠品するほどの事態になった。また同じく10月にコラーゲン環状ジペプチドが認知機能改善用食品としての用途特許を取得した。これについては今後の製品化が期待されるところである。

◇３代目との永遠の別れ

ゼライス社がよみがえってゆく姿を見届けて安心したかのように、この年の夏、会長の善孝が鬼籍に入った。

数々の大病に苦しむも、その都度乗り越えてきた父であったが、２０１８年（平成30年）より体調を崩し、とうとう帰らぬ人となってしまったのだ。

震災当時から震災後にかけて、会長として稲井グループを物心両面から支えた存在であった。

２０１９年（令和元年）8月31日午前5時、善孝、享年84歳だった。

父 善孝については、次の章で詳しく振り返る。

◇社員全員が作る新生・ゼライス社

稲井グループの屋台骨として業績回復を果たしたゼライス社は、２０１９年（令和元年）10月にリブランディングを行うことを決定した。これに先駆け、社員が集まって「10年後のゼライス」を標榜したワークショップを行うこととなった。

ブランディングは、経営者が考えるべきことと思われるかもしれない。しかし、これからの社会は、「モノ」から「コト」への知識創造社会に変わるはずだ。これに生き残るには、社員一人ひとりが考え、全員一丸となって価値を生みだしていく必要がある。立場は関係ない。皆が自分ごととしてこれに関わることで強い組織が生まれるのだ。

このワークショップには、4月13～14日の2日間、土日を返上して、塩釜のホテルに本社や東京、大阪からも管理職・社員を呼び寄せた。大震災の危機に打ち勝ち、将来に希望を見いだした時期でもあり、大変活発な議論が飛び交う有意義な2日間となった。

ゼライス社はこのワークショップを経て、次なる10年の飛躍のために以下の3つのテーマを掲げた。

1 地域社会への貢献

地域貢献は、地元企業としてかねてより当然のように取り組んできたが、重点テーマとして掲げることにより、宮城に軸足を置く企業としての決意を新たにした。

近年は地元素材を使った「仙台ご縁」シリーズの開発のほか、小学生の職場訪問や中高生の将来を見据えたキャリアセミナーも受け入れている。珍しいところでは高校の放送部の取材にも対応した。また、2009年（平成21年）より小学校への出前授業や、多賀城市の子育てサポートセンターとの連携も行っている。

「出前授業がきっかけになって、ゼライスに入社した」という新入社員が入ってくることを、担当社員は心待ちにしているらしい。各個人が会社の未来を見通す視野を持つことができるようになったことは、大いに頼もしい。

2 お客様を大切にする

主力の業務用商品だけでなく、個人消費マーケットに対する訴求力やサービス力を強化するため、このタイミングでパッケージの設計の見直しを行った。使用後、内容量が減ってもパッケージが倒れないなど、ユーザー目線での改良も試みた。

ロゴマークも刷新した。ゼライス社が大切にする4つのもの――「伝統」「知見」「先進」「貢献」――で構成され、それが混ざり合い、花開き、新しい価値を創造することを表現した。私もとても気に入っている。

3 社員の満足度向上
働き方改革や評価制度の見直しなどを行い、個人がより能力を発揮できる会社になることを目指す。これは私自身が先頭に立ち、実践していかなければならない。

●2020年（令和2年）

◇再びの大災害

2020年（令和2年）になると、再び未曾有の災害が起きた。しかも今度は世界中が巻き込まれた。COVID-19のパンデミック、いわゆるコロナ禍である。

当初から政府の対応は後手後手に回り、国民も不安を隠せないものがあった。こういう有事にこそ、トップからは的確な指針・指示を出すことが重要だと心得ている。感染対策を行うのはもちろん、感染並びに濃厚接触の疑いがある場合はすぐに申し出てほしい旨に加え、誰がかかってもおかしくない状況であるからこそ、申し出た者に対し、決して差別的な雰囲気を作ってはならないことを伝えた。

コロナ禍に業績を落とす企業が多い中、稲井社、塩釜ガス、宮城ケーブルテレビとも大きな影響を受けず、安定した業績を残していた。

一方、震災で長く苦しめられたときも海外拠点は好調だったゼライス社は、欧州だけコロナ禍の影響を強く受けてしまった。しかしながら製造現場の歩留まり向上等の改善と販売強化、そしてグループの協力体制をもってすれば、この局面は乗り切れると読んでいた。

国内では、巣ごもり需要で家庭用ゼラチン「ゼライス」の消費が伸びた。こんな世相では手放しでは喜びにくいものの、それでも鬱屈《うっくつ》とする日々の中、ゼライスを使ってデザート作りをするなどして笑顔になってくれる方が一人でも多くいるなら喜ばしいことだ。実直な商品作りが社会貢献につながった好例といえよう。

社会貢献といえば、多賀城オフィス1階のコミュニティホールで行っている地域への貢献活動が好調で、結果的に会社に好影響をもたらしている。その最たるものが新卒採用だ。人手不足の昨今の状況でも問題なく計画通りの採用ができる体質となってきている。そして非常に優秀な人材が「稲井グループで働きたい」と就職活動に来てくれる。商品力に加え、地域貢献の結果、「魅力的な会社」であることが地元に浸透してきている証しだと自負している。

◇藍綬褒章

２０２１年（令和3年）秋。日本ゼラチン・コラーゲンペプチド工業組合元理事長として藍綬《らんじゅ》褒章を賜った。私が理事長を務めたのは、２０１０年（平成22年）からの2年間という東日本大震災の復興真っただ中であった。そのような時期でありながら、コラーゲンペプチドシンポジウムの開催や、理事長になる以前から引き続いて行ってきた「ゼラチン・ゼリーの日」の制定を主導し、市場拡大への一助を担ったことが認められたのだ。

河北新報社からの取材に、受章の言葉として私はこう答えた。

「被災でくじけていたら、この受章はありません。何よりも頑張ってくれた社員に感謝したい。これを新たなスタートに、また画期的な製品を世に送り出したいと思います」

企業は生物のように新陳代謝を繰り返す。

稲井グループもそのスタートから１１９年。すべての経緯を知る社員は、すでにこの世に存在しない。

それでも同じ血が流れる一族のように、稲井グループに集う人々は不思議と同じような芯の強さと熱い魂を心に宿している。

第7章

創業家として。2100年の稲井グループの姿

第6章までは、稲井グループの歴史や、東日本大震災の体験談など、歴史的なことをさらってきた。ここから先は創業家の当代当主として、そして経営者として常日ごろ考えていることをまとめて記していく。

●祖父 善夫との思い出

私は初代 善八の死後にこの世に生を受けている。初代に会うことはかなわなかったため、祖父で2代目の善夫の思い出から語っていくことにしよう。

私の記憶する祖父は、見るからに威厳にあふれた経営者であった。ロマンスグレーで、いつもスーツとネクタイのスマートないでたち。男性女性を問わず、社員みんなの憧れ的な存在だったと聞けば、孫としていつも誇らしい気持ちになる。私にとってはとにかく優しい祖父で「息子の善孝より孫のお前に期待している」といつも言ってくれていたが、あの言葉は「人をその気にさせるのがうまい人」だったからだろう。

祖父からはさまざまな昔話を聞いて育った。特に印象に残っているのは、1960年（昭和35

年）に起きたチリ地震津波の話だ。

地球の裏側にある国で起きた地震を日本で体感できるはずもなく、早朝の津波襲来は不意打ちともいえるものだったそうだ。地震発生の約22時間後に到達した津波は、北海道から沖縄までの太平洋岸に被害を与えている。宮城県内では死者45名、行方不明者9名、負傷者641名を数え、塩釜市内では3メートル近い津波を観測。市内の家屋の全半壊や床上床下浸水などの被害をもたらした。

祖父はこう話してくれた。

「津波が襲ってくる前に水が引いて、塩釜から水平線まで海底が見えた。そして突然、水平線がパッと赤く光ったかと思うと、一気に津波が押し寄せてきた」

たいていの少年は、成長するにつれ年配者の話などに耳を傾けなくなる。しかし私は祖父の話に飽きることなく、いくつになっても、いつまでも聞き続けていられた。

祖父は、人を引きつける魅力にあふれていた。話し上手なうえに、話題はいつも示唆にあふれており、科学的な展望もあってワクワクするものだった。思い返せば、こういう日々の語らいにより、ある種の帝王学を祖父から学んでいたのかもしれない。

祖父は1970年代後半にはすでにこう言っていた。

「コラーゲンは生理活性化に影響を与える。それはこれから必ず証明される」

まさにコラーゲン・トリペプチドの本質を、その発見の何十年も前に予見していたのだ。

１９８０年（昭和55年）。祖父は、表千家の宗匠が亡くなったとの知らせを受け、病気の体を押して向かった京都から、帰仙を知らせる電話をかけてきたのは第3章でも述べた通りだ。この後、祖父は急逝する。

最後となった祖父からの電話を最初に受けたのは私だった。その時私は、県内一の難関校であった仙台一高に合格した直後で、大好きな祖父に真っ先に合格を伝えることができた、とおそらく喜びにあふれた声をしていたのだろう。私の声を聞いた祖父は、

「希望の高校に落ちた人もいる。だから人前ではしゃぐな」

といさめた。いつもは優しい祖父の、少しだけ厳しく感じられたこの言葉は、高校、大学、そして社会へ出て大人になっていく自分に、これからの心構えを最期の教えとして残してくれたのだと今はわかる。

学生時代、私は表千家の門をたたくのだが、これも祖父からの隔世遺伝かもしれない。

●父 善孝の遺言

先代善孝の逝去についても、ここであらためて触れておきたい。

善孝の体に異変が現れたのは２００９年（平成21年）だった。

どうにも体調が優れないが、病院を何か所か回ってみても「特に異常はない」と診断される。

そんなある日、私は、母 瑛子に呼ばれこう告げられた。

「お父さんに咽頭がんが見つかったの。２～３年以内の生存率は２～３％みたい」

父もすでにそのことを知っているらしい。さすがの私もぼう然自失となったが、すぐに気を取り直してこう言った。

「……だったら、その２～３％に入ればいいだけの話だ」

相当に動揺する母を、とにかく安心させたかったのだ。

後日、私が病院に見舞いに行くと、父は覚悟を決めたような、なんとも寂しそうな表情をしていた。父親の弱々しい姿を見るのは、息子として非常に耐えがたいことだった。

父はその後、がん細胞を取り除く手術をし、放射線治療を施すなど入退院を繰り返して長い闘病生活を余儀なくされた。父はもちろん、それを支える家族にとってもかなり厳しい状況の中で、あの東日本大震災に遭遇した。悪い時には悪いことが重なるものなのだ。

２０１８年（平成30年）２月。私と父は、東京の港区にある青山葬儀所で父の友人の葬儀に参列していた。

その日は、東京にしては異常といってもよいほどの寒い日であり、なおかつ東京の葬儀にしては、かなり時間がかかる部類のものであった。私は、仕事の関係上１時間ほどで中座したが、父は律儀な性格ゆえ最後の出棺まで立ち会った。

夜、帰宅した父は、早々に体調不良を訴えた。翌朝、病院で風邪の診断を受けるが、これが誤診で実はインフルエンザだった。発覚した時にはすでに症状は重く、即入院となった。この初期診療のミスにより、この年の秋まで父は入退院を繰り返す羽目になった。

秋に入り、いったんは体調を取り戻すも、今度はナトリウム欠乏症という病気にかかった。血圧を気にし、減塩食の生活を長く送ってきたことがあだとなり、逆に体内のナトリウムが欠乏したのだという。これにより父は極端に筋力が低下し、自力で立つことができなくなってしまった。この症状は、体内に塩分を多く吸収させることで治癒したが、今度は左の頬が少しずつはれてきてしまった。

年が明けても頬のはれは引かず、医者にかかると骨髄炎と診断された。インフルエンザで入退院を繰り返していた時期か、ナトリウム欠乏症で免疫力が低下していた時期に、歯から細菌が混入したらしい。

そして、これが命取りとなった。

本人も死期が近いのを薄々悟っていたのだろう。私の長男が慶應義塾高等学校に合格したと伝えると、愛校心の強い父は、

「もうこの世に思い残すことはない」

と言いながら泣いて喜んだ。

3月に最後の家族写真を撮った時に、

「4月5日の日吉での入学式には謙一と一緒に参列しよう」

と楽しみにしていた。しかしそのころから急激に体調が思わしくなくなり、親子3代での入学式参列はかなわぬ夢となってしまった。

8月31日（土）午前5時、父は息を引き取った。

生前の父から「遺言」として言われたことが3つある。
1　葬式は家族葬、お別れの会は自宅でご都合のよい時間に焼香していただく。
遠方から来ていただくとか、長時間に渡り貴重なお時間を割かせるようなことだけは決してしないでくれ。

2　60歳までは仕事に専念すべき。60歳を過ぎて会社が盤石な状態であれば公職等をお引き受けし、社会に貢献しなさい。

3　アフリカ大陸には絶対に足を踏み入れてはならない。お前の代ではまだ早すぎる。

3つめの「アフリカ大陸」の話は、父の同級生で、さる総理大臣の息子にあたる人物が、アフリカ大陸に行った際に病気にかかり亡くなったこと、私もよく知る父の後輩が仕事でアフリカに転勤し、やはり現地で病気になり亡くなったことに由来する。もちろん、会社の体力的にアフリカ大陸への進出は「まだ難しいぞ」というアドバイスも込められているのだろう。

そのほか「俺が死んで最初に近づいて来た人間には気をつけろ」というものもあったが、これは有名な映画「ゴッドファーザー」のセリフだということを、私はあとから知った。父がこのセリフをどういうつもりで残したのかはわからない。現実にはこの遺言のようなことが起きてしまったが、この話は関係者の名誉のため墓場まで持っていくことにする。

●海軍大将・山梨勝之進氏

第3章でも紹介しているが、父 善孝が学生時代に寄宿していた仙台育英会五城寮では、宮城が生んだ最初の海軍大将である山梨勝之進氏が寮監をされていた。父は山梨勝之進氏を人生の師と仰ぎ、敬服し、大いなる影響を受けた。そして、山梨氏の影響は父を通じて私にも及んでいる。山梨氏の思想は私の人格的なバックボーンになっていると感じている。

父が書き留めていた山梨氏の言葉をここに紹介する。

一、学生運動について

「何かと名分を掲げた動きに迷うことがあっても、根本的なところをよく考え定めて、迎合は絶対に避けなければならない。折々の風俗、時流に乗って（人は）いろいろ言うけれども、どんな時世であろうと教養の裏打ちのある心の位取りが高い人間を作るのです。人間は時には『NO』という勇気を持たねばなりません」

二、日米関係について

「イギリスには、どんなことがあってもアメリカと戦争をしないという国策があります。歴史を調べてみると、アメリカ上院というのは世界でもわがままな横紙破りの大将です。わがままをうんとして相手に抗議されてあらためるということはしない国で、かえって黙って放っておくと自然と自分で考えて自分であらためる国です」

三、善孝の卒業に際して
「ウインストン・チャーチルの第二次世界大戦回顧録の巻頭の金言がきっと役立つ時が来るであろう」と話され、以下の文章を示された。

戦争には決断　In War : Resolution
敗北には闘魂　In Defeat : Defiance
勝利には寛仁　In Victory : Magnanimity
平和には善意　In Peace : Good Will

四、善孝の離京のあいさつに際して
「唐の太宗は中国の長い歴史の上で一国の王として才も徳も優れた人だと思います。その理由は、『自己の赤心（飾りのない心）を部下の腹中に置く』ことができたからです。

　これが部下統率の真髄であります。

　万物に接するに愛ほど大切なものはなく、愛にかなうものはありません。いわんや人に接するにおいては、なおさらのことです。部下を心から愛し、赤心を部下の腹中におくことを心得なさい」

この覚書を見て、私は父が山梨氏の教えを実践していたと確信する出来事を思い出した。父は口より先に手が出る性格で、「慶應義塾大学ではなく、海軍兵学校に入学したかった」とよく言っていた。母 瑛子との結婚も、「瑛子の叔父が海軍兵学校の出身だったことが決め手だった」とうそぶくのだから相当なものである。家族団らんの場でもある自宅での食事も「黙って食え」と、口を開くことさえ許さない厳格さであった。

高校1年生の時の話だ。バンカラ気風の仙台一高は、――昭和の時代のことと、ご容赦いただきたいのだが――すでに、その年齢で仲間たちと飲酒をしていた。ある日のこと酒を飲んで自宅に帰ると、門が閉まっており家の中に入れない。仕方なしに電信柱を伝って庭に入り込み、父の車のシートで寝てしまった。

翌朝早く、父が車のドアを開けた時には、酔いも一気にさめた。

――しまった！

日ごろの厳しさを思い出して身構えた私に父は、

「早く家に入って寝ろ」

とだけ言うと、そのまま車に乗り込んでゴルフに行ってしまった。この時の私は、怒られなかったことに安堵したというより、むしろ不安に襲われた。

「……怒られないのは、期待されていないからではないか」

その日から私は改心し、勉学に勤しんだ。

この出来事は、善孝の遺した山梨氏の言葉「二、日米関係」のようだと思う。放っておかれた私は、結局、自然と自分で考えて自らをあらためたのだ。

●稲井家の帝王学

この本をまとめるにあたり「稲井家の帝王学とは何か？」と考えてみた。

帝王学とは、「リーダーとなるべき者に対して施される知識や教養、作法を含め、幼少時から行われる全人格的教育」と定義される。時代背景や跡継ぎの立場――王族なのか、経営者なのか、男性か女性か――によって必要な教育は変わってくるだろう。帝王学の教科書で、中国の古典名著といえば、為政者の必読書とされる四書五経（『論語』『大学』『中庸』『孟子』の四書と『易経』『詩経』『書経』『礼記』『春秋』の五経）や『貞観政要《じょうがんせいよう》』があがるだろう。古典に学ぶべき普遍的な部分は無論あるが、現代を生きるビジネスパーソンに直結する帝王学の必読書はこれで十分かと考えると、もっと別の要素も必要になってくるはずだ。帝王学こそ、時代を先読みしながら改革していくことが求められる。

共に生き、直接学ぶ機会があった父や祖父から、私が将来の稲井のトップたらんとして教えられたことはなんだっただろうか。

私にとってはとにかく優しい祖父だった善夫のことを、父の善孝は「何しろおっかない親父だった」とよくこぼしていた。そして私も父である善孝には「とにかく怖く、近寄りたくない存在」という印象を持っている。これはまず間違いない。先代、先々代を知る稲井グループの社員も「稲井の社長は代々、長男に厳しい」と証言している。

思えばこれも、稲井家の帝王学の一つなのだろう。跡を継ぐべき者は甘やかされることなく、とにかく厳しすぎるくらいに厳しくしつける。それは子どもに対するしつけという枠をはるかに越えていた。

稲井家では、熱した鉄を強く打ちつけて鍛えるように、上に立つべき者であれば欠くことのできない、何事にも屈しない強い精神を持つ魂を、職場のみならず家庭でも鍛錬していくのだ。先代、先々代がビジネスをしていた時代では、強い精神を宿すために厳しくしつけるやり方が必然ともいえたのだろう。今となっては、時代錯誤といえなくもないのだが。

稲井グループは、創業者の長子が代々跡を継ぐ同族企業ではあるが、父はたびたび、

「やる気もなければ、実力もない人間になど継いでもらわなくていい」

と言っていた。それに加えて、

「もし、社員のみんながお前に継いでもらいたいという気持ちがあれば別だが」

とも言っていた。父が一番大事にしたのは血を分けた息子ではなく、共に働いてきた社員たち

なのだ。

周囲から認められるよう、次世代を担う者には厳しくする。振り返れば、曽祖父 善八の死の直後、負債を抱えた祖父の善夫も思っていた。

「父は千尋の谷に子を突き落とす獅子のように、この試練を与えたのだ」

と。

●家訓「一代一事業」

稲井家には「一代のうち少なくとも一つは、これまでとはまったく違う業種の事業を行わなければならない」という家訓めいたものが存在している。

初代 善八は、言わずもがなだが稲井善八商店を起業している。2代目 善夫は、クジラの頭から世界初のゼラチン製造を行い、宮城化学工業を創業するに至った。3代目 善孝は、ケーブルテレビ事業を立ち上げた。1990年代、全国各地でケーブルテレビの開局が相次いだが、多くの会社は莫大な初期投資の回収が困難になり、身売りすることが珍しくない状況であった。しかし、宮城ケーブルテレビは、稲井グループの総合力により、現在も顧客件数を増やし続けている。

ケーブルテレビに関しては、父が金銭的に負担はしたものの、実務面は私が担当した。また、稲井グループに数えることはできないが、震災で塩釜の街の人々を助けたFMベイエリアは、私が起業したも同然だ。

それでも「一代一事業」を幼いころからお題目のように聞かされてきた私は、ケーブルテレビ事業の経営が軌道に乗ったころから、「自分も何か新しいことを始めなければならない」という強迫観念にも似た感情にとらわれるようになり、各種セミナーや展示会等に積極的に参加してアンテナを張っていた。その結果、相続の問題に早めに取りかかることができた。


しかしその後は東日本大震災で被災し、新規事業どころの話ではなくなっていた。だが、もし震災の直前、ゼライス社が「絶好調のタイミングだ」と新規事業を興していたら、果たしてどうなっていたのか。

今となってはわからない。


父善孝は、自身が社長職にあった時代をこう振り返っている。

「私は1980年代に、一度、事業を縮小し、選択と集中を行った。しかし、もしあの時代に指揮をとっていたのが、わが父の善夫であったら、事業縮小は選ばず、別の道で会社を発展させたのではないか。当時、あのやり方に不安を覚えた社員もいただろう。よくこんな私についてきてくれたと心底思うのだ」

戦前にスタートした稲井グループは、事業の有益性から戦火をくぐり抜け、戦後以降の昭和の時代を日本の景気と共に歩み、事業を拡大してきた。そして、平成の世になってからは日本のグローバル化に歩調を合わせるかのように、世界進出も果たした。稲井グループの発展に関して、「時代をうまく読んだ」という見方もあれば「時代の波にうまく乗った」という見方もできるだろう。

そして令和となった現在。誰もが予期しなかったコロナ禍が起こり、今後もさらに世界は変わっていくだろう。

新しい事業を興すことも大事であるが、今ある事業を改革・革新していくという手法も選択肢の一つになっていくはずだ。これはまさしく私の得意分野である。

「一代一事業」の家訓も改革の時期を迎え、新しいフェーズへと進むタイミングになっているのかもしれない。

●番頭経営

ゼライス社には経営理念をはじめ、リブランディングプロジェクトで定めたビジョンや行動指針はあるが、稲井社、塩釜ガス、宮城ケーブルテレビの3社にはこれに準ずるものがない。

最初はほかの3社についてもこれらを制定しようかと考えていたが、やめた。

なぜなら、言葉にするとそれに縛りつけられてしまうからだ。だから、ほかの3社に関しては、今まで通り基本は自由に。しかし、礼儀正しく、各自が自律して業務を全うして欲しい。

稲井グループで働く人は皆、「自分の仕事や会社を好きだ」と口に出して言ってくれる。それは命令されて動くのではなく、自らが考えて業務に取り組んでいるからだろう。やりたいことを日々の仕事にしているからこそ、自分の仕事にやりがいを感じられるのだ。


人には「自分にしかできない仕事」というものが必ずある。社長業も同じだ。私たち創業者一族は、代々「社長」を仕事としてきた。しかし、もちろん企業経営は社長だけでは回せない。稲井4社の基本は番頭経営だ。各社、いわゆるナンバー2＝番頭ともいうべき社員がその時代ごとに現れる。そして、専門的な能力に優れた彼らが、各社それぞれを回していく。

ある老舗企業研究家は、

「老舗企業のトップはいわば『公』であり、それは国家や君主を表す『君』でもある。『公』が舵取りをすることで会社は持続的な発展が導かれる。そして、その『公』を自制・けん制する『番頭』がいて、日々の経営が成り立つ」

と述べている。多くの老舗企業を分析した研究家がそう結論づけたことが、稲井グループでも体現されているのだ。

創業者一族の大事な仕事は次世代にバトンを渡すこと。いわば、私はつなぎのランナーだ。次世代にどうバトンをつないでいくか。いかに事業継承をしていくか。それを考える者がいないと、未来に続く企業にはならない。

この老舗企業研究家はこんなことも述べている。「会社のトップの最大の仕事は、後継者を決め、育てることと言われている。そこにはさまざまな派閥が生まれることもあるが、その派閥争いを避けるためにも『番頭』が必要なのだ」さらに、「番頭は従業員の代表であり、社長の代理でもある」とも。

これから先も、稲井グループが発展していくために、番頭が支えたいと思ってくれるような後継者を育てていくことが、私の背負う重大なミッションの一つだと考えている。

●サラリーマン45歳の壁

番頭に選ばれるにはどういう資質が必要か。それは時代によって多少異なるのだが、明確にいえるのは「45歳の壁」にぶち当たらない人材ということだ。

サラリーマンの中には、おおよそ45歳くらいで成長がストップしてしまう者がいる。

こういう者には概して特徴がある。まずそもそも入社前から勉強量が圧倒的に不足している。本を読まず、知識が薄く、教養が浅い。しかし、入社後はとりあえずコツコツと仕事をし、長くその業務に携わっているがために、ある程度の業績を上げて出世していく。そして、部長職以上になった途端、組織にあぐらをかき、成長が止まってしまう。

長い間、同じことをしていれば、たいていのことはできるようになるのが当たり前である。年功序列で出世しただけなのに、それを「オレは能力が高く、仕事ができるから出世した」と履き違えてしまう。自分には抜きんでた能力などないという事実を、真正面からとらえることができない。正しく自分を見つめることができれば、管理職となったその立場でまた新たな学びを始め、経営陣として必要なスキルを身につけていくことができるはずだ。しかし、もともとが勉強不足で努力をしないタイプである。

彼らは学ぶことをせず、成長を止めてしまう。

それがたいてい45歳なのだ。これを私は「45歳の壁」と名づけている。

その後、彼らがやることといえば面従腹背だ。うわべはこちらに従っているふりをするが、心の中では反抗している。面と向かって歯向かうことはないのに、インフォーマルなコミュニケーションで徒党を組もうとする。社内で愛想を尽かされると、社外のネットワークを使い、背信を隠すこともない。また何か経営陣のあらを見つけたら、会議の場など、あえて第三者の目があるところで、さも正論を振りかざすかのごとく会社に盾突くのだ。

当グループにも残念ながらこういう者たちがいた。彼らは成長を止めた50代半ばで東日本大震災に遭遇したため、自分が何をすべきかわからなかった。その末に何があったのかは前述の通りだ。結果的に、老舗の自浄作用によって自ら会社を辞していった。会社の評判を落とそうとした彼らは、結局自らの人間性を落としてしまったのではなかろうか。

稲井グループ社員はもちろん、これからの社会を担う若者諸君は「45歳の壁」に阻まれることがないように、勉強と成長を諦めず、粉骨砕身、一生を賭けて自分の進むべき道を駆け抜けていってほしいと願う。

●企業は人なり

私は常々考えている。

「人は、刺激を与えなければ伸びないようにプログラミングされている」

と。

実際にゼライス社内では、リブランディングプロジェクトの結果、社内にマーケティング委員会が立ち上がった。これまで長年の課題となってきたマーケティング力を、自らで強化しようという発想ができるようになったのだ。

インフラを担う塩釜ガスや、提供サービス自体が新しい宮城ケーブルテレビはさておき、稲井社は、昭和30年代からの仕事のやり方から脱却できていなかった。毎日毎日、行き当たりばったたりの成り行きで仕事をしているような状況で、自社製造と外部調達と販売がどうもかみ合わない。販売は販売で営業担当者の頭の中だけで物事が動き、製造は製造で戦略もなくただ毎日工場で何かやっている。

そこで私は、フィッシュミール工場に改革のメスを入れた。製造、外部調達、販売の「見える化」を指示。各自が経験を頼りに行っていた一連の管理手法を明文化することで業務に関係する者全員が全体を俯瞰《ふかん》でき、戦略的思考ができるよう促した。

業務スタイルが変わってから2か月後に成果が出てきた。言い方は直截だが「やればできる」。確固たる意志のうえで業務を遂行すれば、必ず実績はついてくる。

この成功体験をもとに、2018年（平成30年）から2021年（令和3年）にかけて、稲井グループの全管理職全員を対象に管理職研修を、営業系社員を中心に営業能力開発研修を行った。素直に吸収し、すぐに成果が表れる社員・部署もあれば、一貫して研修に対して否定的で、結局実りの少ない社員まで、受け手によって千差万別というのが正直な実感だ。

――企業は人なり

会社組織は外的要因からではなく内部から崩壊するというのは、これまでのさまざまな経験から感じている。これからも引き続き人材教育に力を入れていく予定だ。意味のない学びなどない。何事も、継続して行うことが大きな成果になっていくのだ。

●社内組織の政治性

ここからは、管理職の立場にある人に伝えたい。

前項でも述べた通り「企業は人なり」。すなわち社員個々の成長が、企業の成長につながっていく。

逆説的に言えば、ダメになる会社は、多少の外的要因があるにせよ「腐り出すのは内部から」というのが私の持論だ。

内部から腐る手立てを防ぐには「改革」しかない。

社内で改革が始まると、最初は誰もが対岸の火事のようにとらえ、「自分ごと」としては見ていない。しかし、やがてその火の粉は社員一人ひとりに降りかかりはじめる。

そこで、初めて抵抗が始まる。

この抵抗は、会社のフォーマルな組織ラインで起こらないのもまた特徴だ。会社の改革の方向性と異なる考えを持つ者は、インフォーマルなコミュニケーションで抵抗を始める。

まず、「あの改革はおかしい、間違っている」と陰口をたたきはじめ、それに同調する者を増やし、徒党を組む。次第に勝ち誇ったような大きな声で「その改革には誰も納得していない」などと言い出すのだ。

ただここで注意したいのは、その造反者ともいうべき者は、改革自体ではなく、改革者その人に「嫌い」「気に食わない」といった個人的な感情を併せ持っていることが多いという点だ。

同族企業で会社のトップを創業家代々の子が引き継ぐような場合は、これが顕著に表れる。おそらく同族企業の多くの後継者が、この問題にぶち当たっているといっても過言ではないだろう。

造反者側のロジックは単純だ。トップの代替わりのタイミングで、「自分のほうが優秀だ」とやっかみはじめる。そして、「金持ちのボンボンの頭がいいわけがない」「長年働いてきた俺以上に仕事ができるはずがない」という大いなる偏見を働かせ、改革への抵抗という形を取るのだ。

その際には問題の本質を見失わず、間違いのない対応をすることが重要となる。間違った対応の最たるものが、心ない外野の声に惑わされて改革を諦めてしまうことだ。日本人には改革や環境の変化を嫌う習性があるが、それを行わなければ会社は確実にダメになる。

過去の栄光にしがみついて改革を行わない会社は時代から置いてきぼりにされ、当たり前のようにつぶれていく。

組織にそぐわないおかしな者が現れた時は、ある意味割り切って諦めたほうがよい。組織にそぐわない者の出現を防ぐためにも、また会社組織の自浄作用を高めるためにも、人材育成を怠らないことを強く勧めたい。

●稲井の経営哲学と未来の稲井グループ

稲井ファミリーヒストリーを締めくくる最後の項として、稲井の経営哲学についても言及しておこう。

特に文言化されているわけではないが、稲井家が事業を興す際に共通して考えることがある。それは「そこに社会的使命があるかどうか」。つまり、社会に役立つ仕事であるかどうかが判断基準になる。

次に、「簡単に達成できる仕事は稲井家のやる仕事ではない」とされる。もちろん「成功したらそれなりの対価が見込める」ことは言うまでもない。また第2章で述べた稲井家のポリシーでもある「独立自尊の社会の指導者たれ」というのも、これにつながることであろう。ちなみにこれは慶應義塾の基本精神でもある。

では、稲井グループは、果たして今後どんな発展を見せるのか。

東北や宮城を代表する企業とされる稲井グループではあるが、実はこの地に固執している訳ではない。しかし、日本の東北の宮城という場所に生まれ、ここで仕事をさせていただいているのは、この土地と自分の間に計り知れない強い縁があるということ。そして、ここ宮城だからこそ稲井善八商店は生まれ、大きく育つことができたということも忘れてはいけない。

幸い稲井グループには、地域社会にも世界にも貢献できる企業がそろっているので、今後も宮城のこの地から世界を見据えた展開をしていきたい。

稲井グループ4社の今後の展望は、以下のように考えている。

まず、ゼライス社。唯一空白地帯となっているアメリカへの進出を果たしたい。これは、ゼライスの魅力を世界の人々に伝えるための欠かせない一歩だ。

また、宮城ケーブルテレビと塩釜ガスは、より連携を強化し、地域のために貢献をしていくことを目標にしている。

そして稲井グループの根幹である稲井社は、もともと地域に根差し、地域社会に長年愛される、宮城の言葉で言うならば「なんでもやっぺ」という会社だ。ここからゼライスが派生したことを考えても、ホールディングス的な立場へと変革するタイミングが来るかもしれない。

このように、もろもろ展望は広がるが、本書執筆中の直近のことにも触れておきたい。

２０２１年（令和3年）は、想定外のことばかりで始まった。

1月から適用開始となった新電力料金が、年明け早々まさかの高騰となった。厳冬による暖房需要の増加で、液化天然ガスが在庫不足に陥ったことが理由だ。

また、1月7日には首都圏、関西圏そして中部圏に、COVID-19 の感染予防対策として緊急事態宣言が発出され、首都圏に至ってはこの宣言が3月21日まで続いた。２０２０年（令和2年）に、国内でCOVID-19 が確認されてから2年間、緊急事態宣言とまん延防止等重点措置が繰り返し発令され、非日常が日常となった。

ゼライス社では、２０２１年（令和3年）1月11日に感染者が確認され、コラーゲン工場は約1か月間、操業休止した。

2月13日には福島県沖地震が発生し、宮城では震度6を観測。ゼラチン工場は1週間の出荷停止を余儀なくされた。

さらに3月21日には宮城県沖で震度5強の地震が発生し、追い打ちをかけられた。また全世界的なコロナ禍の影響により、この年の第１四半期は在庫過多による生産調整にも追い込まれた。

そしてまだコロナ禍終息の影も見えなかった２０２２年（令和4年）2月に、ロシアがウクライナに侵攻。エネルギー、資源高に対応するため、これまでにないような値上げ活動も行わざるを得なくなり、ゼラチン価格は2倍にも跳ね上がった。

世界全体があまりにも大きく揺れ動いている。

そんな中でも、時間は止まらずに未来へと進む。

我々にできることは、時代に合わせて改革を繰り返し、実直に正直に、社会の役に立つ仕事をしていくこと。そして、すべての人々が幸せになる世界を自らのできる範囲で作り続けていくとしかない。

——生命を大切に。誰もが幸せに。

この願いは119年もの間、変わることなく稲井グループの人々によって紡ぎ続けられてきた。稲井グループは、そんな願いと共に、時代に応じて進化を遂げながら未来への長い道を歩んでいく。

おわりに——生きていくことがつらい日に

この原稿にはもともと、多くの社員を実名で登場させていた。しかし書籍のバランスを重視した結果、最終的に割愛せざるを得なかった。貴重な時間を割いて本書の制作に協力をしてくれた稲井ファミリーである社員のみんなに、まずはこの場を借りておわびすると共に、心からの謝辞を表したい。

振り返ると、稲井グループは私の代だけでも「よくぞ踏ん張った」と思えるような危機にたびたび見舞われている。それが初代の善八以前、名前のわかる最も古い先祖である善五郎の時代から繰り返されているのだから本当に驚きを隠せない。

しかし、危機が訪れるのも悪いことばかりではない。

ある日、私はこの「危機」という熟語に「危険」と「機会」の文字が隠れていることに気づいた。まさに「ピンチはチャンス」だ。この「ピンチはチャンス」という言い回しは、孫氏の『兵法』に由来するという説があるそうだ。古くは軍師・黒田官兵衛が、現代でも本田宗一郎やビル・ゲイツが愛読したあの『兵法』に、自分の発見した法則と同じ「ピンチはチャンス」の語源があったと知ると、中国古典文学をかじった者としてはなんともうれしい。

私はこの「危機」の言葉に隠された謎を解明して以降、どんなピンチが訪れても、すべて大きな飛躍の前触れに見え、武者震いするようになった。

ポジティブな気持ちでピンチを分析すると、トラブルを解決するだけでは終わらず、「この方法を選べば、未来への先行投資になるのではないか」という一石二鳥の解決策が必ず見えてくる。

ピンチに焦り、視野が狭くなると、これに気づくことはできない。


もし、今、生きることがつらいと感じる人がいたら、どうか一度本書を読んでみてほしい。

世の中には、望まずとも「ピンチの運命」を背負って生まれてくる者がいるのだと知ってほしい。

本書に書かれているのは、何十年にもわたって繰り返しピンチが襲ってくるファミリーの歴史だ。物語のようだが、事実ばかりだ。一個人ではあらがえないような、戦争や震災という大きな災禍に巻き込まれては、それまで作り上げてきたものが灰燼《かいじん》に帰し、海の藻くずと消える。それでも、わずかな希望をつなぎながら「稲井」は生き延びてきた。

自分が命をすり減らして守り、つないだバトンが、この先にどうつながっていくのかは本当に何もわからない。それでも、諦めずに生きてきたから、今があるのだ。

先にも触れたが、私には中学時代に教師からひどいいじめを受けた過去がある。だからこそ、伝えたいことがある。

生きることをやめたくなるような日があっても、生まれてきたからには死なないでほしい。どんなに他者にいわれなくさげすまれることがあったとしても、前向きに生きてほしい。心無い第三者に存在を否定されても、死なないでほしい。

危険《ピンチ》は機会《チャンス》だ。これから先、どんな危険な状態に陥っても、そこには必ず何かの大きな機会が表裏一体となっていることを私は決して忘れないし、本書に触れてくれた人にも、ぜひ記憶に残しておいてほしいと願う。

つらく、苦しい時は前を向く気力も出てこないだろう。それでも、誰かに遠慮して生きる必要はないし、あなた自身の尊厳を、まず自分が大事にしてほしい。

高くジャンプするためには、深くしゃがみ込まなければならない。今は、しゃがみ込むタイミングなのだと、気持ちを切り替えてみてほしい。そして心を強く持ち直して、危険を機会・好機へと転換していってほしい。

人生は山あり谷あり。社会にはよい人もいれば悪い人もいるけれど、だからこそ多様性が生まれ、自分たちの思い込みに気づいたり、新しい発想が生まれたりして成長していく。いやな人を分析することで、自分に役立つヒントが見えてくることもある。

この言葉をどうしても伝えたくて、「おわりに」にあえてしたためた。

さて本書を執筆するにあたり、「社員は私には本音を話しにくいだろう」と、出版プロデュースをお願いしたJディスカヴァーの編集者・楠本知子さんとライター・川口裕子さんにヒアリングなどを依頼した。お二人は口をそろえて「稲井グループの社員さんは『会社が好き』『仕事が楽しい』と本音で言っていることが伝わってくる」と、私に繰り返し報告してくれた。そして本書の制作を通じて「こんなにすてきな人たちがいる会社が作るものだから絶対間違いがない」と、稲井ブランドの大ファンを公言してくれている。また本書では割愛してしまったが「面倒見のいい人が多くて、家族みたいな社風だ」と4社とも社員の多くが言っていてくれたらしい。ファミリーヒストリーという性質上、この本はどうしても稲井家の歴史が中心になってしまったが、稲井4社を選んでくれた社員のみんなも、その歴史を支えてくれた大切なファミリーであるのは言うまでもない。

やはり「企業は人なり」なのだ。

これから100年後、200年後の稲井グループがどんな軌跡を描いていくのか、まだ具体的には見えていない。今を生きる我々がどんなにつらく厳しい時間を過ごしたとしても、未来のある時点から振り返れば、1冊の本にまとめられるくらいに、あっという間に過ぎゆくものなのだろう。

それでも今、この時代の稲井グループに携わってくれた人たちの思いが正しく引き継がれていくのであれば、はるか先の未来でも、稲井グループは必ずよりよい社会作りに貢献していると、自信を持って断言できる。

本書に寄せて――Jディスカヴァー代表取締役　城村典子

ご縁をいただき、前書『ゼライスのキセキ』と本書『稲井の軌跡』の2冊の制作に、足かけ4年ほど携わらせていただきました。ここで稲井社長が原稿には書かれなかった個人的なエピソードを少しご紹介させてください。

「おわりに」でも触れられていますが、社長は中学時代に当時40代の教師から、執拗《しつよう》ないじめを受けていたそうです。同級生で集うと「教師からのいじめに、あの年齢で稲井はよく耐えていた」と、いまだにねぎらわれるというのですから、推して知るべしのレベルだったのでしょう。雑談でこの話をうかがって「おつらかったでしょうね」と言った私に、社長はこう返されました。

「いや、なんだかさ、先生が気の毒に思えてきちゃってね」

そういう気持ちが湧いたら、いじめが気にならなくなったとおっしゃったのです。ずいぶん達観した中学生だと思われる方もいらっしゃるかもしれません。私は、ご自身の持って生まれた性質はあるにせよ、偉大な経営者であるお父様、お祖父様に囲まれて日常を過ごしていた故に、視座が自然と高くなっていったのだろうなと、いたく感心いたしました。そして、

「いじめっ子ってどこにでもいるじゃない。僕なんて社会に出てからも、そういう目に遭ってきたよ。どうしてこの人は僕を目の敵《かたき》にするのだろうって不思議に思えて、つい分析しちゃうんだよね。嫌

いな人のことを考えるのは苦痛だよ、でもその人の人生を思い浮かべると、自分に突っかかってくる理由がなんとなく見えてくる。そうすると『この人は必死になって僕にちょっかいを出してくるけど、僕の人生にはなんの影響も与えられなくてかわいそうだなあ』って思えてくるんだよね」と、笑い飛ばしていらっしゃいました。いじめというピンチですら、人間の器を広げるためのチャンスに変えてしまう。脱帽です。

本書は、稲井グループの軌跡を描いています。そしてその歴史を通じて、強い向かい風が吹いてきた時、その風をどのように受け止めれば、より高く飛躍できるかも同時に描かれています。

稲井社長はご自身について、「一見『負』に見える出来事を、別の新しいエネルギーに転換する才覚があると言われたことがある」と述懐されていますが、かなり高度に、かなり先々まで見据えて計算したうえで行動されていることは、同じ経営者の立場だからこそよくわかります。まるで自分の実力には関係がなく、「運がよかった」「機会に恵まれた」と軽くあしらってしまう稲井社長からは、宮城人らしい奥ゆかしさと、チャーミングなお人柄が垣間見えます。

この本では江戸時代以前の宮城地域の解説から始まり、第二次大戦までは歴史物語、稲井社長への代替わり以降はハラハラする今の時代へと一気になだれ込みます。たった1冊で、歴史ミステリー、震災の記録、ビジネス書、経営者の心得本と、さまざまな読み方ができる構成は、稲井社長のバランス感覚があってこそ成しえたものと言わざるを得ません。

参考文献

『図説　宮城県の歴史』（河出書房新社）
『分布とルーツがわかる　苗字の地図』（森岡浩／日本実業出版社）
『稲井家』『続稲井家』（稲井幸晴）
『仙台藩ものがたり』（河北新報社編集局）
『地図で読み解く初耳秘話 宮城のトリセツ』（昭文社）
『捕鯨の文化人類学』（岸上伸啓／成山堂書店）
『日本沿岸捕鯨の興亡』（近藤勲／山洋社）
『日本ソフトカプセル産業史』（近藤隆／出版文化社）
『市史せんだい』Vol.12（仙台市博物館）
『日本経営史』（宮本又郎ほか／有斐閣）
『よくわかるガスエネルギー業界』（垣見裕司／日本実業出版社）
『都市ガスはどのようにして安全になったのか？』（「都市ガスはどのようにして安全になったのか？」編集委員会／カナリアコミュニケーションズ）
『TOKYO GAS INTEGRATED REPORT 2019』（東京ガス株式会社）
『飛翔』2012年12月号（仙台商工会議所）
『事業承継を思い立ったら読む本』（半田道／中央経済社）
『コラーゲンからコラーゲンペプチドへ』（日本ゼラチン・コラーゲンペプチド工業組合）
『「コラーゲン・トリペプチド」まるわかりガイド』（ゼライス社リーフレット）
『コラーゲンの話』（大﨑茂芳／中公新書）
『東日本大震災 復興・復旧の記録　明日へ』（宮城県塩釜市）
『経営戦略者』2011年10月号（株式会社TKC）
『老舗学の教科書』（前川洋一郎・末包厚喜編著／同友館）

株式会社仙光ホームページ　http://senko-sendai.com/
ゼライス公式ショップ　https://www.jellice-shop.com/
宮城県公式サイト https://www.pref.miyagi.jp/site/kt-kiroku/kt-kensyou3.html
多賀城市公式サイト
https://www.city.tagajo.miyagi.jp/bosai/kurashi/daishinsai/hisaijoho.html
日本科学未来館公式サイト　https://www.miraikan.jst.go.jp/sp/case311/
一般社団法人日本ガス協会　https://www.gas.or.jp/
独立行政法人北方領土問題対策協会公式サイト https://www.hoppou.go.jp/index.html
円覚寺　https://www.engakuji.or.jp/blog/32632/
一般社団法人日本皮革産業連合会　https://www.jlia.or.jp/
日本科学技術連盟　https://www.juse.or.jp
塩釜市公式サイト『東日本大震災 復旧・復興の記録 明日へ』
https://www.city.shiogama.miyagi.jp/uploaded/attachment/4356.pdf
災害教訓の継承に関する専門調査会報告書（1960チリ津波地震／内閣府）
http://www.bousai.go.jp/kyoiku/kyokun/kyoukunnokeishou/rep/1960_chile_jishintsunami/index.html
復興庁公式サイト『被災地域の経済・産業の現状と復旧・復興の取組』
https://www.reconstruction.go.jp/topics/main-cat1/sub-cat1-19/261201_fukkyufukkou.pdf
地震本部（文部科学省研究開発局地震火山防災研究課　地震調査研究推進本部事務局）
https://www.jishin.go.jp/regional_seismicity/rs_kaiko/k01_miyagioki/

稲井謙一 （いない・けんいち）

株式会社稲井、ゼライス株式会社、塩釜ガス株式会社、宮城ケーブルテレビ株式会社　代表取締役。
1964 年宮城県仙台市生まれ。慶應義塾大学法学部卒業後、1987 年東京ガス株式会社入社。1991 年同社退職後、塩釜ケーブルテレビ（現 宮城ケーブルテレビ）立ち上げに参画。2005 年稲井善八商店（現 株式会社稲井）社長、同年宮城化学工業株式会社（現 ゼライス株式会社）社長、2008 年塩釜ガス株式会社社長、2010 年宮城ケーブルテレビ株式会社社長に就任。持ち前の決断力と積極性、東北人ならではの忍耐力を発揮して、稲井グループ 4 社の総指揮を取り、事業拡大を続ける。2011 年の東日本大震災で罹災し、多大な物的損害を被ったうえに、原発の風評被害や二重ローンなどに苦しめられ、売上不振に陥るも奇跡の復活を遂げ、2018 年には創業以来最高の経常利益を達成。以後、順調に業績を上げ続けている。
2024 年にはゼライス商品のアメリカでの流通を本格スタートさせると同時に、ウェブサイトもオープン。アメリカ大陸への本格的な進出を果たすとともに、広くアメリカ国民の健康・美容に寄与する体制を整え、世界に向けてさらなる展開を狙う。著書に本書の前身となる『ゼライスのキセキ』（みらいパブリッシング）。趣味は読書、ゴルフ。

『稲井の軌跡』製作委員会

株式会社稲井、ゼライス株式会社、塩釜ガス株式会社、宮城ケーブルテレビ株式会社の 4 社で構成される稲井グループ従業員で構成された、選ばれし『稲井の軌跡』制作チーム集団。日々の業務に忙殺されながらも、当初伏せられていた本書制作プロジェクトのための資料集め、写真収集、原稿の閲読などを秘密裏にこなした。後に本書の出版が公になってからは、社内インタビューの設営やとりまとめ、写真撮影、原稿の読み込み、ファクトチェックや校正など、書籍作成の進捗に合わせて書籍作りの未経験者ながら縦横無尽に大奮闘。当メンバーの活躍がなければ本書の完成はなかったと言っても過言ではない働きを内外に示した。

稲井《いない》の軌跡《きせき》

危機《きき》を機会《きかい》に。120年《ねん》の時《とき》を次世代《じせだい》につなぐパラダイムシフト

2024年12月27日　初版第1刷

著者　稲井謙一《いないけんいち》
『稲井《いない》の軌跡《きせき》』製作委員会《せいさくいいんかい》

発行人　松崎義行

発行　みらいパブリッシング
〒166-0003 東京都杉並区高円寺南4-26-12 福丸ビル6F
TEL 03-5913-8611　FAX 03-5913-8011
https://miraipub.jp　mail：info@miraipub.jp

協力　柳田庸子

企画協力　Jディスカヴァー

編集協力　川口裕子、楠本知子

写真撮影　伊藤憲一（株）稲井　（P27　南蛮井戸、月浦風景）

ブックデザイン　則武 弥（paperback Inc.）

発売　星雲社（共同出版社・流通責任出版社）
〒112-0005 東京都文京区水道 1-3-30
TEL 03-3868-3275　FAX 03-3868-6588

印刷・製本　株式会社上野印刷所

ISBN978-4-434-33539-6 C0030